# 职人觉醒

## 新手如何快速崛起

知乎/编著

中信出版集团 · 北京

图书在版编目（CIP）数据

职人觉醒：新手如何快速崛起 / 知乎编著. -- 北京：中信出版社，2017.9
ISBN 978-7-5086-8014-9

I. ①职… II. ①知… III. ①职业选择 – 通俗读物
IV. ①C913.2–49

中国版本图书馆 CIP 数据核字（2017）第 197081 号

职人觉醒：新手如何快速崛起

编 著 者：知乎
出版发行：中信出版集团股份有限公司
（北京市朝阳区惠新东街甲 4 号富盛大厦 2 座 邮编 100029）
承 印 者：北京诚信伟业印刷有限公司

开 本：787mm × 1092mm 1/16 印 张：13.75 字 数：130 千字
版 次：2017 年 9 月第 1 版 印 次：2017 年 9 月第 1 次印刷
广告经营许可证：京朝工商广字第 8087 号
书 号：ISBN 978-7-5086-8014-9
定 价：48.00 元

**向53位优秀的职人致敬！**

**感谢你们为本书贡献的经验和智慧！**

（排名不分先后）

克里斯蒂娜酱、曾旻、严骏、henu、壹周周、十四姨

张君、楼子光、阿猫Knight、蔡旭坤、毛书记、程序猎人

Gavin Wang、小风嗖嗖的、Mu Tian、李一凡、罗骏飞、袁一伦

王光朝、吴思扬、古典、Ann Wang、王承伦、奶牛Denny

袄七、李东旭、猫助、李石、霸爷、Raymond Wang

MJ勺子、于洁茹、一杯清茶、王赫、林茜茜、maggie

Pagoda、叶孤城、上官人、山尔依、杨帅、林菲

李栩然、rank、Hugo、曾轶、池建强、路红斌、

唐僧同志、Stella、Zhang Leslie、Evan-dy、德森

目录

CONTENTS

## 第 5 章 这些细节可以为你加分



## 第 6 章 沟通力是职场第一生产力



## 第 7 章 巧妙触及这几类敏感问题

# 第一部分 ×

# 进击职场

NEWS
WWW
JOB OFFERS
JOB
Job
QUALITIES +
SKILLS
CHECKLIST
GRAMMAR
SPELLING
PHOTO
EDUCATION
HISTORY

“

职业规划、行业判断、自我认知，是跨入职场前的必备功课，否则很可能用几年时间换来一片混沌和低效。明确目标，精准定位，才能让每一个选择都掷地有声。

”

第 1 章

# 合理的职业规划让职场不慌张

## 兴趣、特长与职业

×

克里斯蒂娜酱

做着自己喜欢的工作，天天开开心心还赚大钱并走上人生巅峰，这是人人都想要的人生。但大多数人并不会如此幸运。更多的人选择职业时，会带着无数的迷惘、坚持、妥协、时运等因素，单纯拿兴趣爱好说事是完全没有实际意义的。

大多数人在选择职业时会遇到以下几个困难：

• 根本不知道自己的兴趣是什么，以及对某种事物的喜爱到底是爱好还是痴迷。

• 在进入一个行业或获得一份工作时，并不了解这个行业和这个工作的实质与具体细节。

- 无法将兴趣、特长和工作很好地统一。
- 如何处理不同行业的兴衰与薪酬差距。

## 先入行再选择

**很多人根本不知道自己的兴趣是什么，以及对一样事物的喜爱到底是爱好还是痴迷。**

“我当然知道跟随本心，关键本心是什么”这是大多数人的问题。我真的见过很多女孩，大学前忙着应付高考，大学后天天窝在宿舍看韩剧，根本没有培养出健康的兴趣爱好。

另外还有一个问题，大多数人的爱好，真的只是爱好而已。我自己玩儿烘焙和素描/速写，也经常能搞出来一些作品在朋友圈里炫耀。但我很清楚，我的水平与这个领域里真正的高手，还是差得太远了。如果我现在心血来潮辞职跑去做蛋糕师或是画家，估计会被吊打到连骨头都不剩。

因此，首先要找到自己的爱好，然后要知道怎样将其变成职业。

那些在少年时期接触到某样东西并且立刻为之沉迷的人是幸运的，而对于大多数人，我的建议是：在你自认为还未找到兴趣爱好之前，对新的事物保持好奇心，并不断尝试。不是浅尝辄止，而是进行一些较为深入且直接的接触。尤其是那些在校大学生，如果你的专业是技术应用型（自动化、计算机科学技术、冶金、机械等），确认自己是否喜欢现在的专业，然后全力以赴学好专业课；如果你的专业是社会应用型（市场营销、人力资源、社会学、新闻学等），则尽早跳出大学的象牙塔，到社会上多做一些实习，多接触一些人，寻找自己感兴趣的领域和方向。

至于做到什么程度，则是你要在该领域取得一些成绩。这个成绩不是说要赚到多少钱，或是拿多少奖。它可以是前辈的认可、该行业的人脉资源，以及随之而来的一些工作机会。

换句话说，你要入行。只有入了行，才能选择是不是真的要走这条路。否则只不过是个爱好而已。

### 搜集行业信息

**大多数人在进入一个行业或是获得一份工作时，并不了解这个行业和这个工作的实质与具体细节。**

大多数人，尤其是绝大多数应届毕业生，在进入一个行业以及获得一份工作（通常是人生第一份工作或是转行后第一份工作）时，连这个工作是做什么的都不知道。这种一头撞进去、生死由命的态度是非常不可取的。我在工作中见过很多候选人，原本的工作做得好好的，看互联网火了便一定要转行。我问他："你知道互联网运营/产品都做什么吗？整个环节怎么运转？价值怎么体现？"他对此一问三不知。大多数人并不清楚一个光鲜职位背后的辛苦与粗鄙，有些人甚至连游戏规则都不懂，这是一些人频繁转行的原因。

因此，在你真正决定接受一份工作或是进入一个行业之前，请务必尽可能地搜集有关它的信息。

搜集信息最真实直观的方法在上个问题中已经给出答案，就是找机会进入这个行业或岗位进行一段时间的实习或兼职。我建议学生在大学期间尽可能多地实习并接触不同岗位的工作，或许那些实习经验在最终工作中的作用近似于无，但对于你们自己来说，却是真真正正地了解行业、了解企业、了解岗位的绝佳机会。而做这件事的成本，会在你毕业之后成倍地增加。

对于那些已经错过这种机会的人来说，还有一个方法是可以参考的：向这个行业的前辈咨询。

你去找两个在这个行业做得出色的前辈，问问他们这个东西是怎么玩儿的？为什么选择这一行？想要在这个岗位上做得好需要具备什么样的素质？又经历过什么样的困难？为此做出的努力甚至牺牲是什么？再找两个离开这行的前辈，问问他们为什么离开？是什么让他们最终放弃了？再好好考虑一下，这些东西，你真的都能接受吗？

这里再插一句题外话，当初我在应聘现在这家公司的时候，在最终面试环节老板问我："你还有什么问题要问我的吗？"我提的问题是："以您这么多年的从业经验，请告诉我如果我想在我这个岗位上面崭露头角，需要具备怎样的素质？又需要把哪些方面做好？"这不仅是一个了解某个职位以及你是否适合这个职位的过程，更是一个判断该公司与你的发展方向和理念是否一致的过程。

## 不要盲目跟随兴趣转行

**无法将兴趣、特长和工作很好地统一起来。**

这可能是所有问题中最复杂的一个。

首先我们要明白的是，兴趣并不等于特长，更不等于你赖以谋生的手段。立志做歌星却唱歌跑调的大有人在，而这种人追求的结果，通常来说并不会特别好。

如果一件事是你的兴趣但你并不擅长，我建议你只把它作为一种兴趣来对待。毕竟有良好的生活品质并且有能力培养兴趣也是一种生活模式。

其次，如果你的特长和兴趣一致，但并不是你的工作。此时需要考虑的因素就非常多了。

**现在的工作与兴趣的跨度范围**

如果相近，可以先到市面上投投简历，看看能不能找到心仪的工作机会。但如果你是一个程序员，却想转行写小说。除非你和你周围的人都认定你是个天才，否则在毫无积累的情况下，请三思而行，切勿盲目辞职并转投新的行业。

**现在的年龄**

毫无疑问，年龄越大，转行所需的成本越大。同时，所承担的社会责任也越多。而且一旦转型失败，想再回到原先的领域也不是那么容易。

**外部环境**

这个环境的概念很宽泛。你是富二代、拆二代，还是孩子的奶粉钱都需要从你口袋里掏？你的配偶的收入情况是怎样的？能否独立承担家里的开销？家中是否有小孩？以及转行过程中是否有其他的帮助与铺垫？

通常来说，我不建议根据兴趣盲目转行，我认为比较好的方式是软着陆。在业余时间开展自己的兴趣，看看能否借此赚到钱。以上面的例子来说，你可以先试着写写小说发表到网上，看看读者的反馈如何？是否能够积累到一定数量的忠实读者？甚至是否有人来为你付费出版。当此项工作可以为你带来稳定收益时，便可以根据这份收入与你当下工资的差额，以及对全职从事这份工作后收入增长的预估，还有上面的一系列因素来决定你是否要转行。

认真考虑自己究竟能为此付出什么、放弃什么、牺牲什么。如果真的认为即使一辈子吃泡面也愿意做某件事，那就去做吧。

## 合理评估自己

**如何处理不同行业的兴衰与薪酬差距。**

不承认行业收入差距的都是不切实际的。这句话我一定要说在前面。我知道很多人都会说只要努力，成为那 1%的人，都会成为人生赢家！关键是为了成为那 1%，你要付出多少努力？到不了怎么办？ 10%呢？ 20%呢？ 50%呢？人的收入水平差异又是多少？且不说互联网与其他传统行业的差距，仅仅是传统软件企业和互联网公司的薪资水平差距就在 30%。皆是凡人，孰不爱财？

面对这样的收入差距，你可以选择忽略它。自己高兴就好，何必与他人比较？

如果你看着眼红，考虑一下是不是有可能做相关行业或是交叉行业。

一个朋友很喜欢绘画，从中央美术学院毕业后卖了几年画收入不好，干脆自己开了画室专教业余爱好者画画，勤勤恳恳两年过去，今年正在筹备开分店。

一个朋友原先在建筑行业工作，这两年房地产泡沫破灭，他转行做首饰设计与定制，将建筑元素融合到饰品设计当中，现在也做得风生水起。

一个朋友原先做编辑，后来因为对线上营销感兴趣，直接转到了互联网市场做线上运营和文案策划。

一个朋友因为对电影感兴趣，最终入职一家专门做影院服务/电影票App（手机应用软件）的公司做产品经理。

包括知乎上的某位大神，因为对烘焙感兴趣，最后自己创业做起了烘焙互联网产品。

这些都是很好的案例。

除此之外，在有一定的经验积累时可以考虑创业，毕竟通常来说，你的工资只是你创造效益的10%或者更低。但如果所有效益都能进入你的口袋，这也将是一笔不菲的收入。

但同时也要说明，很多人高估了自己独立创造的价值，或者说，很多人在计算自己独立创造的价值的时候忘记了你创造的价值是由于公司其他人的大力支持，而这些支持在你独自创业的时候可能都会失去。所以创业需谨慎!

最后再说一句吧：

世道之艰辛，仅仅有一腔热血是行不通的，还需要有勇气、耐心、韧性与能力。

## 自我决定理论

曾旻

我不反对“跟随本心，做喜欢做的事”，但我反对刻意追求“把兴趣和工作结合起来”。我更支持“把兴趣当成工作来做就完了”这句话。

我先讲一个故事，再说理论：

> 有一个小区，总有一些孩子特别吵闹，天天打打闹闹，弄得周围的人生活不得安宁。大家都很反感，但是又拿孩子们没有办法，无论是骂他们，还是威胁他们，他们照样吵得风生水起。有一个住在这个小区的老太太就站出来说，我来解决这个问题吧。有一天，她跟这几个孩子说：孩子们啊，你们的吵闹声真的太美妙了，我特别喜欢。这样，你们大声吵，吵得越轰动越好，我给你们奖励。于是，第一天，孩子们闹

腾得特别开心，老太太给了孩子们每个人 10 元钱。就这样过了 5 天。第六天的时候，老太太说，你们吵闹声真的很美妙，我今天给你们每人 5 元钱。孩子们有点儿失望，有点儿不解，为什么少了 5 元啊。不过还是有钱拿，他们还是比较满意，继续闹腾。到了第十天，老太太说，你们的吵闹声很美妙，我很喜欢。不过我没有钱给你们了。孩子们大失所望，十分愤怒，我们闹得这么好，你为什么不给我们钱了。哼，我们不干了。于是，这个小区安宁了，孩子们再也没有来闹腾过。

下面是理论：心理学家德西提出了关于动机的自我决定理论。他把人的动机分为三类：内部动机、外部动机和无动机。

内部动机简单地说就是兴趣，就是你热爱这件事情本身，而不是热爱这个事情能够给你带来什么结果。例如，你喜欢读书，而不是喜欢读书后能考高分，能满足父母的期望，能让你在朋友面前炫耀而有面子，你喜欢的就是读书本身，做这件事能让你开心，就算它不能带来任何结果，你也开心（在上述故事中，孩子们喜欢吵闹就是内部动机）。

外部动机就是这件事情所产生的一个结果，就像你喜欢读书，是因为它能使你在朋友面前炫耀知识而且有面子（孩子们能得到老太太给的钱，就是外部动机）。研究发现，被期望的外部动机会削弱内部动机。就像故事中的孩子们一样，他们对每天获得老太太的钱有了期望（外部动机），这种期望削弱了他们的内部动机（吵闹游戏本身的乐趣）。所以我的建议是：要跟随本心，但不要把兴趣当作职业。有兴趣是好事，说明你热爱生活，热爱生命，热爱这个世界。对这个世界充满了好奇，想要去探索。但是不要把你的兴趣当作工作，更加不要去把它们匹配起来。如果当成工作，你会发现，太多的外部动机掺杂进来，你原本对这件事情本身的热爱可能就渐渐消失了。

就像我小时候读过一本小说《云上的日子》，我至今仍然记得其中的一句话：有些东西你远远地去看它，它永远像是天堂里的东西那样美好。但是当你靠近它的时候，往往会破坏那种美好的感觉（这是女主角回答男主角为什么她那么喜欢听钢琴曲，但是自己却不去学钢琴的原因）。我本科学的是金融专业，但是热爱心理学，一度想要去做心理咨询。大二的时候在学校的心理学选修课上遇到了一位好老师。她告诉我：追求你的理想，但是你要有能力去养活它。所以，找一份能够养活你的兴趣的工作，然后不求回报地做你感兴趣的事吧。

## 怎样知道自己适合做什么

严骏

前段时间新东方的集团培训师来给我们项目组做培训，说的一句话让我很赞同：“想知道自己做一件事能做多好或是否适合，最好的方法就是竭尽全力地去做。这样你绝对可以在最短的时间内获得最多真实的体验、感受和了解。”

这个操作起来其实很简单，全力去做好一件事是不会有错的，如果结果不尽如人意，那么可能是不适合、不够喜欢、缺乏天赋……看到另一个问题的答案，应该很好地总结了我这个答案，叫作“快速失败”：快速尝试，快速努力，快速失败，再尝试！

我觉得单纯把这种行为归纳为“试错”这样一个动词有偷换概念的嫌疑。这并不是“试一下，发现错了，再试另外一个，又错了”，这样单调的重复过程。每一次尝试之后，都要学会总结、归纳、学习，然后每一次都会比上一次更加接近理想的职业或者生活目标；换言之，每一次“试错”的过程，“错”这个概念都会变少，而“对”的概念会变多。这个过程其实无所谓“对错”，每个人的兴趣喜好不一样，这只是一个探索世界和了解自己需求的过程，简而言之就是多尝试。经过一个相对不太享受的尝试过程，获得经验和教训，之后再做出的选择会比之前准确一些。

## 应届生的必备素质

×

henu

### 思考能力

“善于思考”是应届生简历上出现的高频词汇，但在实践中，具备独立思考能力的应届生少之又少。职场中要求的“思考能力”并不是让你进入哲学领域去思考历史走向、人文变迁、岁月流逝，而是当你在工作中遇到问题时，能尝试想出解决方法。很多应届生在工作中遇到一点儿问题，想都不想张口就问。职场不是学校，主管更不是老师，老师的专职工作就是为你答疑解惑，可主管也有自己的工作要做。这在影响双方工作效率的同时，更不利于自身能力提升。如果你思考过但仍然找不到解决办法，便可以和主管交流。把你的思考路径、困惑说出来，让他为你答疑解惑。这样便容易看出自己在工作方法、思考方式上存在哪些误区，也才更有利于自身的提高。

### 主动性

“主动性强”也是高频词汇，但在实践中，具备主动性的应届生还是少之又少。应届生很容易陷入“推一步走一步”的境地，手上的工作做完后不主动和上司沟通。通常上司交待工作的时候给出的时间都很宽裕，如果你提前做完，一定要主动反馈，让他及时安排。工作中还有一个很常见的场景：上司安排工作的时候可能只想了两分钟，他交代的要点并不全面。这时候你在完成基本要点的时候，一定要主动想一下能否做得更好？基本完成并不能提升你的形象和能力，超出预期才能给人惊喜！

### 信息收集能力

在互联网发达的今天，基础工作中遇到的许多难点在网上早已有了成型的解决方法。如果你有一定的信息收集能力去自学的话，无论是对工作，还是对自我提升都有极大帮助。

### 团队协作能力

职场上永远是一个团队在一起战斗，既然身处团队之中，就要学会和同事沟通协作。当一项工作需要别的同事协助时，很多应届生首先不是去找提供协助的人，而是找领导。不但效率低下，信息也会出现偏差。

### 抗压能力

“抗压能力”也属于高频词汇，男生还好些，女生相对而言确实有点弱。初入职场的年轻人，压力会很多、很大，但是不管怎样，你都要自己体会、自我疏导。处理好自己的情绪，职场上要的是结果，不要让你的情绪影响工作效率。

### 兴趣

“兴趣”并不要求你狂热地爱好这个行业，但可以使你对行业有个大体的认知，可以让你主动了解行业资讯，去看行业书籍。对于那些不采取任何行动，却在狂热地说“喜爱互联网”的人，我认为这不是兴趣，而是欺骗。

### 职业基础技能

技术、设计、项目经理等岗位都需要具备掌握相关基本软件的能力和有效的思考方式。

### 加分项

**善于总结**

不论在哪种职场环境，我都非常看重总结。忙碌的工作很容易让人深陷其中，接二连三地做事。虽说“练多了熟练”，但是如果你能在做完一件事之后，抽空思考总结一下，把工作中遇到的问题、解决思路、得到的成果等归纳一下，便可以更加快速地提升自我。

**写作能力**

互联网行业中每个职业都需要具备写作能力，如果有良好的文字功底，不管是对工作还是自我都是一件极好的事。

具备这些能力的人才会受到多数企业的欢迎。

## 纠结的问题：读研？工作？

克里斯蒂娜酱

问：

本人现在某重点大学就读本科专业，经过暑假的努力，现在已经拿到了一所重点院校保研资格，就读信息与通信工程学院；另外拿到了阿里巴巴校园招聘的offer（工作机会），研发c/c++岗位。

现在内心在犹豫是否放弃保研。没有研究生学历对今后有什么重大的影响。选择哪个更加有利于职业发展。

我是阿里巴巴社会招聘的服务供应商之一，每年经手阿里巴巴社会招聘的案例500多件，来说一下我了解的情况。

阿里对绝大多数岗位的学历要求都是本科学历，达到了这条硬线你就和其他候选人站在了同一个起点上，比拼的就是硬实力。（是的，理论上二本院校和985、211大学在阿里面前几乎没有什么区别，只不过二本院校学生技术功底强过985、211学生的太少，而且由于机会的缺失能写在简历上亮眼的项目经历几乎没有，这是另外一个很大的问题了，暂且按下不表。）因此不管是应聘还是升职，除去一些内部势力斗争，基本都是能力足够就可以晋升，能力不够，熬多少年也没用，更不用说学历的加分作用，研究生和本科几乎没有区别。

其实不仅仅是阿里，几乎从所有的互联网公司甚至是IT公司的薪酬水平来看，读研都不是一个很有优势的选择。

以华为公司为例，15级的要求是本5硕4（本科毕业5年或硕士毕业4年是最低要求，后面同理），16级的要求是本8硕7，也就是说，从职业上升通道来看，硕士只比本科多 1 年的优势，而读完硕士却需要 2—3 年。事实上也是如此，在华为，所有硕士学历的员工基本都会比同年龄本科学历的同事低 1 个级别。

而技能方面，国内硕士学位整体的含金量和对学生能力的培养都很有限，从大量的推荐案例来看，一个硕士应届生和一个在 BAT[①] 历练 3 年的本科生相比，技能上占优势的可能性几乎为零。尤其在互联网这种理论和实践并重的行业领域，仅仅有知识是不行的，还需要对市场、用户和实施等各方面有整体的感官认知，而这种经验，一定来源于一个又一个项目的打磨。

最后，有人说读硕士是为了获得更好的氛围和人脉资源，但其实对于同等水平的学校来说，硕士的生源质量是低于本科的生源质量的，因为几乎没有人会去读一个比自己本科还差的学校的硕士，但确实是有很多本科不尽如人意的学生希望靠着硕士文凭弥补学历上的差距。而且论人脉，究竟是在学校跟着各位导师做项目产生的人脉多，还是进入几万人的顶尖互联网公司跟着技术高手做项目人脉多，相信各位自有公断。

除此之外还有专业选择和未来职业规划的问题。通信专业的学生在进入互联网公司时并不占优势，如果你的目标在互联网公司，那么很可能你还需要自学软件编程，这个难度会更大。当然，如果你希望借此转型到华为这样的ICT（技术通信）公司，

---

① BAT，中国互联网公司三巨头——百度公司（Baidu）、阿里巴巴集团（Alibaba）、腾讯公司（Tencent）的首字母缩写。——编者注

这倒是一条可行的道路。

因此，读硕士一定要谨慎，但并不是说硕士不能读。有以下几种情况的，我建议去读硕士：

**本科学校和硕士学校差距很大。**

比如本科是二本而硕士是985院校。在这种情况下，硕士学历确实可以在一定程度上弥补本科学历的差距，但是要想和重点本科出来的学生只在学历上比拼，还是会有一定差距。但去读这个硕士还有一个好处，就是你又多给了自己3年的缓冲期，在这3年中，你有一个比之前好很多的学习氛围和平台，在这3年中努力学习，出来之后虽然还是比不上重点本科毕业工作3年的水平，但是与二本学历只能在小公司混的境遇相比，还是会有一定的提升。当然，如果你这三年在小公司里也足够努力，技术得到磨炼，同时升职为技术经理，这时你的公司被阿里收购了，你摇身一变成为阿里某个部门的技术经理，这就比读3年硕士还要幸运。

**你对某一领域或某一技术具有极大的兴趣，并且研究生期间可以师从这方面的权威人士做深入的研究。**

注意，一定是你自己感兴趣！你自己喜欢！在这个前提下你有机会接触这个领域最前沿的知识，这样有可能你刚一毕业就成为半个专家，进入公司带领一堆比你资历老的人干活儿。某高新技术领域硕士/博士毕业被阿里高薪（直接是P7或是P8）收入麾下的案例虽然不多，但也不是没有。

**有海外求学的机会。**

如果家庭条件允许，去美国读个CS（计算机科学）的研究生，再在硅谷的大企业工作几年，回国之后还是会有不错的福利待遇。而且英语流利程度得以提高，眼界得到开阔，平台得到提升，都会对后续的职业发展有促进作用。

**对于总监及以上级别的岗位，硕士学历会具有优势。**

这也是为什么那么多本科毕业工作多年的人会再去读一个在职研究生的原因。但前提是你能升到那个高度，有与人比拼的机会。

## 如何判断公司的实力

壹周周

刚毕业时，有些人为找工作而苦恼，而有些人却在为怎么选公司而苦恼。对于就业压力巨大的应届生来说，也算是甜蜜的抉择了。面对手上的几个offer，选哪一个呢？虽然都是小公司，但都还行，哪一家都存在一些让我很喜欢的优势和让我很反感的劣势。

首先，信息不全是阻碍你做决定的关键。生活中没有那么多紧急事件需要你立即做出抉择，所以针对每一家公司，你要尽可能地多做调查，先分析客观条件。

**官方资料**

比如营业执照、企业网站、专利资质等。这些信息在相关的政府网站、权威机构都可以免费获取。你要了解公司的基本情况，注册资本虽然可以作假，但至少可以部分反映出公司的实力。一个小公司的股权结构很复杂，可能说明这家公司的背景复杂，也可能说明这个公司在决策层上是“民主”的。了解清楚公司到底由谁说了算、几个人说了算是很重要的。

**硬件条件**

公司的组织结构、地理位置、办公室装潢风格、公司前台是否漂亮，甚至是否安装防盗报警系统等。这些都会反映出公司在建制、资金实力、安全意识等各种细节问题上的态度，细节的重要性会在意想不到的点上体现出来。简单来说，表象上的精致能体现出价值观上的倾向性。

**合作方**

与什么样的客户合作，可以从侧面反映出公司的实力。如果你可以打电话给客户，收集反馈信息，我相信你懂我在说什么。

**招聘信息**

现在很多应届生关注面试过程而不关注招聘信息，这是很不好的。从招聘信息中可以获得很多有用的指导意见。招聘信息写得越多，可挖掘的价值就越大。而且你应该在整个招聘过程中持续关注招聘信息。很可能你刚面试完，这家公司的招聘信息就有了变化。对比这些变化，你可以发现更多有趣的东西。还可以直接和公司的某个员工聊天以获取信息；假装客户，与公司进行接触。形式多样，任君选择，总之，要多花点心思才好。

再说说主观问题。你应该想好自己想要什么。其实每个人在生活中都要经常问问自己这个问题。既然是实习岗位，就存在很多的变数，有些公司的实习岗位就是打杂，有些是超负荷工作，有些可能无所事事。所以搞清楚你要什么尤为重要：是项目经验、行业从业经历、挣钱，还是体验生活。想好你要什么，再带着这个结论去选择。

职位、公司、薪水，对于寻求机会的新人来说，其实很次要。最重要的是你能进入你要去的行业做你想做的事，得到锻炼，获得学校里学不到的技能，这才是可以让你获益一生的财富。不要去争那一两千元的薪酬差异，不要去关注头衔上的“高级”“资深”，也不用去担心两年后这公司是否还存在（多少离职的人都在断言自己的前东家很快就会倒闭，最后那家公司还是经营得好好的）。迷茫的时候，想清楚你要什么。解决这个问题，比什么都重要。

第 2 章

# 简历是你的第一张个人名片

## 这样的简历会被“秒杀”

×

十四姨

如果把“秒杀”看作筛选简历的第一个步骤的话，那么容易被秒杀的简历实际上只有两种：

### 充斥了过多的无价值信息

很多人在简历上恨不得把自己从出生开始的经历都罗列出来，生怕遗漏了任何一点可能说明自己优秀的经历，甚至还采用很煽情的表达，但这种做法恰恰忽略了很关键的一个部分——你所应聘的公司与职位。不同的公司、不同的职位对人才的要求是不一样的，对优秀人才的衡量标准也是不同的，简历要展现的就是你具备应聘的职位所要求的技能，而不是你的一切优点。比如一个人去一家房地产公司应聘景观工程师，应该展现的就是他所具备的与景观设计、建造相关的经历，而不是他在大学曾经获得歌唱比赛冠军，或者中学时在超市做过促销员，而当这些与应聘岗位毫无关系的内容变成了简历的核心时，被秒杀就毫不意外了。

### 包含了可能会令人排斥或反感的因素

举个例子说明：某岗位优先招聘未婚女性（而不是只招未婚的），如果一位已婚女性的简历中又恰好写了她“已婚”，那么就算她的简历不被“秒杀”，也毫无疑问会被扣分，成为“第二选择”；如果她不填婚姻状况（这并不是欺骗），一旦简历通过进入面试环节，又在面试中确实表现出了胜任岗位的能力，那么公司就很有可能忽略她已婚的因素而聘用她。另一个例子是，不少人喜欢在简历中附一张靓丽的个人生活照或写真照，暂且不说照片中的形象、仪容、服装、背景和岗位的要求是否有联系，仅仅因为查看你简历的人的主观因素，你附加的照片就可能增加你被淘汰的概率，因为不知道查看简历的人是男是女、是老是少，更无从得知其审美标准。

顺便说一下怎样撰写一份好的简历。先说格式：

### 格式整齐、简洁清晰

没有人会喜欢看一份排版歪歪扭扭、字体诡异、字号忽大忽小的东西，无论是简历还是其他文件，这甚至会上升到态度问题。另外，如果没有很好的设计能力，也千万别追求所谓的“酷”“炫”，那样很容易变成“土”和“山寨”，何况如果从查阅简历的人的角度出发，一天要看几百份简历，肯定希望有一个简洁平和而不是充斥着怪力乱神的阅读体验。

### 空间分配要突出重点

一般而言，简历分为个人信息和经历能力两大部分，而对经历能力的介绍无疑是重点。但不少简历仅罗列个人信息就占了1/3的页面，严重浪费了简历的空间。其实最重要的个人信息就是姓名和联系方式（手机号码和电子邮箱），其他的如籍贯、户口所在地、婚姻状况、政治面貌等等不仅不必要，甚至在很多时候会成为“反感因素”，不是特别有必要（如应聘大型国企就可以填一下自己是党员，优先招未婚的就填上自己未婚）其他就别写了，如果招聘企业没有要求贴个人照片也最好不要贴，而且既然大家都知道这是简历，那么在页面最上方的“个人简历”这几个字是完全可以省掉的，有限的空间一定要留给最重要的内容部分。这里要说的另一点是，不是两页纸的简历就不好，但只要会利用空间，一页纸的简历不仅内容足够、形式也最好，何况客户（审阅简历的人）体验始终是最重要的。

### 提交的简历如果是纸面文件最好打印出来

复印效果比起打印会差很多，而且千万不要用带香味或者彩色、印花的纸张，这也会成为“反感因素”；如果是电子文档，一定要注意格式的通用性，最好是Word，而且文件名千万别是“个人简历”这类笼统的表述，最好的方法是“应聘的岗位名称+姓名+联系电话”，这样不仅不容易混淆，也方便别人找你，简历的目的就是为了参加面试。

再说内容：简历其实就是一块进入企业的敲门砖，获得面试的通行证，无须夸大简历的作用，也没必要去打造一份“完美”的简历，要做的其实就是根据企业与岗位的要求，把能说明自己的能力的事实展示出来就可以了，所以要写一份好的简历，通常有四个步骤：

### 尽可能弄清楚你要应聘的岗位职责和要求

这很好理解，连自己准备去的公司是做什么的，自己应聘岗位的工作内容究竟是什么都不清楚，怎么知道这个工作是否适合自己。其实要了解一个岗位并不是难事，除了招聘简章，还有网络，何况还可以直接打电话给该公司去咨询。

### 梳理自己的经历

每个人都有很丰富的经历，通过对经历的梳理，把最能说明自己能力的部分挑出来放在简历当中进行重点说明，让审简历的人一眼就能看出你的优势，而不是费力地去找。要特别注意的是，梳理、整理不是为了岗位要求去编造，假的总归是假的，就算过了简历这一关，到面试的时候，如果碰到厉害一点的面试官，也很难蒙混过关。

### 运用好的表达语句

好的表达不是天马行空，更不是文过饰非，好的表达是清晰、准确、专业地描述事实。好的HR是不会在意应聘者对自己的定性的，他们依靠的是自己的判断——你过去的行为反映了你的能力，而你的能力将直接决定你未来的行为，所以简历里面自夸的“专业技术强”“沟通能力强”之类的表述是没用的，HR关心的是事实。

### 诚恳地面对经历中的硬伤

频繁地换工作和过长的真空期是职业人的两大硬伤，也是让简历遭到“秒杀”的两大因素，对此，并没有什么特别好的解决办法，唯一能做的就是更加诚恳一点，让别人能因为简历中体现出的能力和诚意给你一个面试的机会。

## 如何让你的简历脱颖而出

张君

一份简单的简历，却是你整套的思维方式和行动力的佐证。这篇文章，不仅手把手教你如何写简历，还告诉你应该怎么思考。

顺利接到面试通知，通常会经过这么两个环节：

### 第一，你的简历标题需要吸引HR选中你。

很多人抱怨为什么发出了很多份简历，在家苦等电话，却一个回复都没有？你开始怀疑是不是自己简历写得不好，甚至开始怀疑自己的能力问题。

同学，你想多了。真相是：HR可能根本没看到你的简历内容，问题出在你的简历标题上。

先来看一下失败简历标题的案例，有的同学会这样写："面试，张磊""不选我你会后悔的，来自张磊的简历""面试简历""武汉大学硕士前来应聘"。

你首先要知道HR的工作方式是怎样的，HR每天的工作，不是为了等着看你的简历的。当企业有用人需求时，HR会从招聘平台付费，下载成百上千份简历，但是他们没有那么多精力每份都看一遍，HR的首要工作是通过标题的规范性，快速筛选简历。什么标题可以让HR降低工作量呢？你可以说清楚这么几件事：（1）姓名；（2）性别；（3）面试职位；（4）工作经验年限。所以一份合格的简历标题是这样：张磊—男—应聘新媒体策划—3年工作经验。

看到区别了吗？合格的简历标题会告诉HR这些关键信息，你是一个男性，因为很可能面试单位的某个职位更倾向于招聘男性/女性；你清楚地说出了你的面试职位，让HR确认这是一份有效靠谱的简历，需要进行下一步筛选；你清楚地说出了你的工作经验年限，让HR确认你有工作经验。

能不能写好标题，直接反映出面试者的职业素养。你的简历标题能让HR降低筛选门槛，这就是用户思维的体现，只不过你投简历的时候，你的目标用户只有一个。这也是你能否清楚地描述工作能力的体现，不要指望一个只能写出"面试简历"这个标题的人，在实际工作中处理事情会有多全面。第一印象，从简历标题就开始了。

HR会从成百上千份简历中，筛选出几十或上百份的简历，再进行第二轮筛选（各位不要纠结这里面提到的具体数字，因为在实际招聘中，招聘需求、招聘的紧迫度都不一样，所以每一位HR的筛选规则不一样）。简历标题只能让HR找到你，而让HR决定拨通你的电话约你来公司面试的，一定是你的简历正文。

## 第二，你的简历内容需要能够吸引HR约见你。

简历被HR打开的那一刻，她的行为方式是扫描你的简历，而不是仔细阅读。

我们再来看失败的案例，有的同学会写成这样：

1. 洋洋洒洒写上上千字

2. 放上了被美图秀秀修饰过的照片

3. 连你的小学校名都写了

4. 一直在描述你的工作，却看不出你的工作成果

注意，HR在看你简历的时候，是用眼睛扫描，而不是仔细阅读，这意味着，你只有3~5秒的时间来吸引HR的注意，让她继续阅读下去。

那么这3~5秒的时间，应该注意哪些因素呢？

### 一定要让你的简历结构化

你的简历中可以包含大量有利于你争取面试机会的资料、信息、自白，但这些内容会让你的简历显得很臃肿。解决办法是：简历可以复杂，但是你要学会管理复杂事物。你要让你的简历足够结构化。

主要的简历模块可以有这些：

• 开头放上你的姓名、工作年限、所在地区、学历、照片、联系方式

• 用 100 字以内的内容说清楚为什么你非常适合这份工作

• 用精简的话语描述自己与所面试职位相关的工作经验

• 简述你从大学至今的教育经历，这些经历最好与面试职位相关

• 用参与的项目经历，突出你的工作结果

• 作品展示和掌握的技能

• 一段 200 字以内的个人评价

HR 会用 5 秒时间，扫描一下你的简历每一个区域的关键信息，比如你有几年的工作经验，你之前的工作职责，或者你所参与项目的突出结果，在这 5 秒钟中，HR 如果能找到符合他招聘需求的关键字，他会花 2 分钟来看你的简历了，你被约见的机会已经变成了 50%。

### 突出你的工作成果

突出工作成果，就是刚刚提到的，HR 在浏览你简历的时候，能一眼就看到的，能突出你的技能和面试职位相关的关键信息。你可以把这些关键信息着重强调。

### 最好放上一张你的自然生活照片

关于照片，请不要放艺术照，不要放做鬼脸的照片，不要画蛇添足，只要放一张正常得不能再正常的照片就好了。照片会给 HR 更强的感性体验，会拉近你和 HR 的距离。

### 放上你的社交方式及作品

如果HR已经看到你的社交方式了，说明他对你已经很感兴趣了，他已经在考察你的性格是否适合这份工作。所以你应该在这个环节，再给自己加分，而不是减分。比如，你应聘的是新媒体营销的职位，那你是否有一个活跃度较高的、和新媒体营销相关的微博呢？你是否每天都在关注、转发新媒体营销这个职位相关的信息呢？你的这些与应聘职位相关的日常行为一定会增加HR对你的好感和判断。

以上这些从表面上看是教你怎样写一份脱颖而出的简历，从根本上其实是教给你与他人沟通的思维方式。就像两军交战时交火的那一刻，胜负早已分出来了，关键在于了解敌情，你需要知道你在跟谁打交道，你需要知道对方的行为习惯，这样就可以有效地、有针对性地达到你的目的。

## 内容丰满的简历更吸引人

克里斯蒂娜酱

很多大学生或年轻人总在想怎样写好简历，用什么字体好看，用什么格式好看，怎么排版更好看。而作为一名每天要看上百份简历的HR，我不得不和你们说一句：这些其实并没有什么用。

我们有一项训练是如何在13秒内甄别一份简历是否合适，我算是看简历看得比较认真的人，也不会多于30秒，实在纠结的，也不会纠结超过1分钟。在这1分钟之内，我不会考虑你的格式是否漂亮。尤其是现在绝大多数都是网站录入式简历了，大家的排版都是一样的。什么，你说放在附件里的那个？对不起，如果我不是怀疑网站录入时信息没保存完整，附件里的那个文件我根本不会点开。

如果一定要我评价一份电子版简历的排版，那我唯一的要求是简洁大方，标点和分段正确，整篇简历除照片外不多于两种颜色，能让人看明白，不凌乱，在我这儿就过关了。至于有些HR崇尚宋体贬低微软雅黑（我还见过专门喜欢微软雅黑的HR，不过人家也不会因为你用宋体就把你的简历筛掉），喜欢PDF贬损Word，这种情况在我长期服务的两家世界500强公司都没有出现过。而那些不时穿插着图片和表格的简历，会让HR看起来很累！因此不要过分看重简历的格式，而要注重充实简历的内容。

如果你肚里没货但企图蒙混过关，那我真的帮不了你。但如果你肚里有货倒不出来，那我发表一点我个人的浅见，希望能对你有所帮助。

### 所有基本信息详尽如实

基本信息分为三类：

- 学历背景：毕业院校、所学专业、入学和毕业年份、是否为统招统分，这四个信息一个都不能少。如果是本硕的学历，请不要漏写本科学历状况（很多人本科院校一般就不写了，这会欲盖弥彰），同时注明硕士是脱产还是在职的。

• 工作背景：就职公司、所任职位、起止年月、所在部门、下属人数、汇报对象。这些都是我们会考察的对象。

• 语言水平：就一点，是否会说英文！能不能流利地说英文！如果会一点第二外语是加分的，但第二外语也无法弥补你英文不流利的缺憾。

在十几秒内我们要获取到的基本信息就是以上这些，这是我们进行人员筛选的硬性条件，如果硬性条件不达标，软性再好也是没用的。同时这些也应该是一份简历大体的框架。包括以上内容之后，我们再来说说怎样润色简历让人眼前一亮。

### 有非常详尽的工作内容与业绩报告

由于我自己是做互联网行业的，我就拿互联网最基本的程序员简历举例来说：

（1）Java后台开发；（2）部分前台页面编写。

这在我看来没写任何实质内容。

（1）作为一个Java程序员，后台模块主要职责有：后台代码的编写，包括数据库操作、sql语句优化、wsdl技术调用接口、生成接口、编写接口文档、绘制流程图等。(2)前台页面的实现。我主要是负责后台模块的，但是本身就会前台的一些技术，工作期间也学习了html5和css3的技术，所以在工作中也会帮助写实现前台的页面。(3)git项目的管理。包括远程git仓库项目的创建与删除、gitolite中项目操作权限的设置等。

而下面这样的表达方式看起来就好多了。

(1)参与设计Oracle的企业管理系统(ERP)，涉及财务等模块的开发，熟练使用Java以及框架等技术，以及Oracle数据库PL/SQL。(2)研究并使用大数据相关的技术用于解决海量日志的分析，将数据存储到hadoop平台，然后将分析结果导入Oracle数据库，通过Spring框架将结果进行展示。熟悉hadoop生态圈的各种开源技术如hdfs、Map Reduce、Hive、Pig、HBase等。熟练使用Java语言编程和Linux脚本语言。

同学，我感觉你很厉害嘛。

如果你是个写Java的，我不仅想知道你会不会写Java，我还想知道你是怎么写的，在什么样的平台上？运用了哪些框架？相关配套技术有哪些？数据库有哪些？到底写了个什么东西？为谁写的？是给公司内部使用还是做甲方的项目？是负责架构设计，模块开发还是后期的bug调试？除了Java还会别的么？我对你了解得越多，就越能判断出你是否适合应聘的职位，这对我们后期的沟通就越有效。

### 一定要有项目经历

这是很多人容易忽略的地方。很多人觉得我只要把工作经历填写完整即可，是不用填写项目经历的。这是大错特错的！BAT中的某位HR曾告诉过我：对于非高端职位的候选人，没有项目经历的简历直接排除，因为他们不知道你究竟都干了些什么。项目经历的意义在于，除了大家极其相似的工作经历，项目经历给了那些真正优秀的候选人一个很好的展现自我的机会。你做过什么样的项目？给哪家公司做的？多大的体量？最终使用人群是多少？你在项目中扮演的角色是什么？是参与者、组织者还是负责人？是负责前期客户需求沟通还是后期项目交付？达到了什么样的结果？客户对你的评价是什么？有提前完成项目的经历吗？这个项目给你带来的经验是什么？是否能够积累一定的行业资源？这是我们从一个项目中就能分析出来的信息。而多个项目组合起来看，就能更加清晰地感知到候选人的主要基础在哪些领域、主要客户和与他对话的人在甲方是什么级别，这些信息对于后期的沟通是同样重要的。你可以不用写得这么详细，但一定要有项目经历！

### 整体的职业经历要具有连贯性

这个严格来说不是写简历的技巧，而是职业发展规划中要做的工作。但这些最终还是要反映到简历上。很简单，如果你做了15 年的研发，我就默认你的下一份工作应该还是研发。如果你做了 3 年研发，然后转为架构，3 年之后又转为售前，过几年又转为MKT，这是一个越来越向前端靠近的发展路径，那么我默认为你的下一份工作职责还是应该在销售、市场、售前这几个范畴。但如果你做了几年研发，然后又跑去做交付，紧接着干了售前，过两年又变成项目经理，不好意思，我无法判断你之后想做什么，而这样的简历我也很难推荐给公司。因此各位一定要在换工作前对自己的职业发展规划有一个大体的认知，知道自己适合做什么，想做什么，怎么样能够达到，而不要仅仅因为工资上几千块的涨幅而盲目地跳槽，这样做牺牲的是你以后的发展机会！有的人问：我做了 15 年的研发，现在想干点儿别的了，怎么办呢？我的答案是寻求内部转岗的机会。一般对于绩效好的员工，公司都会给予一些转岗的机会或政策，或者你可以直接和现在的上级领导商谈，告诉他你的想法，看看他是否能够帮助你。在新职位上做 1—2 年，再看新机会就不会有困难，否则外部公司不会花钱冒风险让一个新手来尝试不同的职责，尤其是年龄偏大的，30 岁以下还可以考虑。

### 有一个清晰的自我评价和求职意向

自我评价中“工作努力，与人为善，积极沟通”这样的评价不能占主要部分，没有人会看的。我们想看的是“精通 ××，熟悉××，了解××，对××在××环境下的××有深入的认识”。说白了，就是你对自己所掌握技能的一个总结。很简单，你说你能做，你不一定能做；你说你做不了，你肯定做不了。至于爱好，你喜欢踢球还是游泳，喜欢看书还是听音乐，我们真的不在意。至于求职意向，请说明你目前的兴趣点在哪里，想找个什么公司的什么职位，为什么会应聘现在这个岗位。

说个小贴士：请将简历名称命名为“应聘职位–姓名–毕业学校–现处公司–工作年限”，HR会感激你。

最后，告诉你们一个小秘密：很多时候你们投过去的简历，尤其是投给大公司的简历，因为人家收的简历太多了，根本不会每份都看。所以如果石沉大海请不要泄气，不是你不够优秀，是你没被发现。怎样解决这个问题呢？请找已经这个公司的员工给你做内部推荐，或是找猎头帮你推荐，这样的简历会被优先审阅。如果你没有这样的渠道，而你又对这个公司的职位非常感兴趣，请打电话给公司前台，转HR招聘部（有可能需要实名制转接），直接告诉她你是谁，应聘了哪个岗位，请她帮忙看一下，一般在工位上的HR都会登录系统帮你看的。如果你觉得这样可能打扰到她让她不高兴，尝试在领英（linkedin）上找到相应公司的某位负责招聘的HR，加她好友，给她发私信，总之把你的主动意向传达给她，她会高兴的。这听起来是不是很厉害？其实这招对中小型企业可以，对几万人的大公司是没用的。因为公司太大，招聘都是以事业部的形式来进行，而一个大公司有几十个事业部，你能找到负责该部门该职位的HR的可能性微乎其微。那怎么办呢？你可以去领英上搜索你的目标公司里正在做你理想职位的员工，加他好友，给他发私信，让他帮你做内部推荐。他会同意的，因为内部推荐成功是有奖励的！这个被我称为“暴力内推法”，是由我原创的。

## 10个超有用的小贴士

×

楼子光

下面就是集结知乎网友智慧所整理的简历小贴士：

• 真实。无错别字，无歧义。

• 开门见山，将姓名、毕业学校、专业、性别、联系方式等信息置顶。不需要写：QQ、MSN、Blog……（国企可能需要：身高、体重、宗教信仰、身份）大学英语四六级还是写上。

• 版面整洁，不用表格。不超过两页，作品另附，成绩单、奖状、介绍信同理。

• 选择标准的正装照。简历中不要出现学校标志，可以有应聘公司的标志。

• 字体用宋体就可，段间距1.25~1.5倍，有分隔栏最好，不要有口号式的语言。

• 求职意向具体清晰，自我评价对于内容充实的选手可以跳过。期望薪金对于求职的应届毕业生来说，不用写。

• 重点突出的部分放在最前面。在校活动经历丰富，就先写这个，再写科研、实习经历；实习经验丰富，就先写公司实习，再写在校实践活动等。

• 电子版保存为PDF和Word两种格式，视图比例为100%。英语简历另存，不要混杂在一起。纸质版不必用彩色，纸张质量好一点，不要弄褶弄皱。

• 发送邮件不要用QQ邮箱，其他邮箱也尽量以姓名+年份为标准格式，同时不要有签名档。以附件发送简历的时候，必须填写正文与标题，不能写“附件是我的简历，请查收”！

• 不要群发。可以把简历发给老师，由老师来推荐。有推荐人保障只增不减。

## 怎样写好英文简历

阿猫Knight

我说说英文简历，罗列几条吧：

• 在美国我还没有见过简历中附照片的，不知道为什么中文简历常常要附上照片，甚至是那些纯技术的岗位，很容易让人产生外貌歧视的联想。

• 英文简历贵在整洁，英文不像方块字，字符宽度和间距都不同，排版不好很容易变得杂乱。

• 英文简历的大体框架有几种固定模式，可以自己搜索一下。但是无论选用哪种模式，左右边线一定要对齐。

• Experience（工作经验）一栏要写详细。把自己参与执行过的项目整理出来，项目名称要用粗体，注明项目起始终止的时间。自己具体做了哪些事情要分栏叙述，少用形容词、副词，多举实例。每一个栏目最好只写一句话，且第一个单词一定要用过去式的不规则动词，比如“Designed and implemented×××...”强度较低的动词，比如“Worked on×××project...”能不用就不用。

• Skill（专业技能）一栏。虽然中文简历中很多人讨厌“精通”的字样，但在英文简历里提及Proficient in×××（Office/Excel...）还是无伤大雅的，但是不要空谈，尽量与Experience中的项目有所呼应。（我看到回复里有人提到Fluent。反正我做面试官时，如果看到某人简历上写Fluent in C++，我就会从题库中选最难的C++题目考他。如果你不怕这个，Fluent是最大加分项。）

• 字体一律用Times New Roman（新罗马字体），字号为10.5，用粗体表示重点内容，尽量少用斜体字。如果你没有正式工作经验（包括只有一次或者没有实习经验），请一定要把简历控制在一页之内（可以适当调节页边距）。这里说一下，有一些IT部门会用一些很冷门的编辑浏览器（很多人用Unix/Linux是没有Microsoft Word的），并不是每个编辑器都能兼容所有字体的，但绝大多数编辑器都可以正常显示新罗马字体。

## 遵循格式可以事半功倍

蔡旭坤

最近试了一下，我可以自己解决包括Mac、Linux、Windows系统下所有PDF和Word的阅读问题。

我是做程序员的，我自己收到几乎所有主流格式的简历都能打开。

我认为PDF可以支持几乎所有平台的浏览，在跨平台方面有优势。缺点是不易于修改，招聘系统解析错误比较多，至少我知道某教育类上市公司的PDF的解析正确率应该还不到50%。PDF支持加密和变成图片版。很多PDF的简历上面的文字无法复制粘贴到我的各种统计表格里面，基本都要手动敲。

很多人的观点是，我很厉害，你不雇用我是你们的损失……很抱歉，真不是企业不想雇用你。如果你愿意了解HR的工作流程，愿意看看现在各大创业公司中HR的能力，我相信对你的应聘是有帮助的。很多HR的电脑使用能力，确实惨不忍睹。碰到电脑没装PDF，又不会打开文件的HR，着实不少。很多创业公司前期雇不起能力强的HR，因为人力资源或者其他职能部门的不专业，导致你丧失一些机会，非常可惜。

说实话，如果你真的很厉害，任何格式都没问题，HR知道你很强，她会找IT部门把你的简历转成Word录入系统，甚至找个实习生把你的PDF一个字一个字地录入系统里。那么你的简历是PDF的还是Word的甚至是张图片，是无所谓的。或者干脆就是领导嘴里的两句话，HR自己进行整理的简历。

作为一个技术出身的猎头，我经常转换PDF格式的简历，然后按照标准格式的推荐报告发给客户。偶尔也会向候选人要Word格式的简历，因为我们发出去的是推荐报告，而不是简历。

说一说PDF简历的缺点吧。

HR部门会把部分评语写到报告或者简历中打印出来，然后拿着纸质简历去面试，你们知道吗？没试过PDF的批注，所以，不知道能否打印出来批注。

作为HR，面试的时候经常会打印纸质简历，如果是PDF格式的简历，打印时偶尔会出现问题，而且是大概率事件（我碰到过不下10次，说实话，我也不知道什么原因）。

另外，百度、阿里、腾讯都有招聘系统的。甚至小的公司也纷纷上了招聘系统，Word一般支持附件解析。如果是PDF，那么把简历录入系统基本就需要手动进行，PDF的拷贝非常麻烦。

说一说Word简历吧。

同事用的Mac系统，似乎也能打开Word简历。发给我的docx格式文件或者我发给HR的docx格式文件从来没出现过问题。所以Word简历大家打开都没问题。

再说点我觉得很多人不知道，但很重要的一点。

不少公司，甚至500强公司，他们的公司邮件招聘账号，有可能是实习生在维护，外发职位到各大招聘站，例如拉勾、北大未名之类的都是公司的HR基层。因为上面的招聘经理太忙了，天天面试，和部门沟通职位，筛选招聘专员，猎头、部门内部推荐的简历，就把他们忙疯了，外发这种没什么技术含量的活，他们一般没时间做，就交给下属做。

那么，你发一份“.tex”的文件，这些人认为是你发错了的概率，远远大于他们转给技术部门询问的概率。

另外据某HR说，他们公司邮箱里面一个月会收到1000份左右的简历，要挨个打开附件来看，对她来说，简直是灾难。

**结论** > > > > > > >

所以回到问题的核心，如果是稀缺人才、紧急岗位，那么无论什么格式，其实都不会碰到问题，你标题写着应聘C++内核工程师，HR找这样的人都找疯了，那么格式肯定没问题。

如果你是个应届生，应聘行政专员或者销售，那么你发个PDF，就放在HR邮箱里面，直接被排除的概率远远大于那些把概要经历放到邮件正文，附件是Word的简历。

个人建议：

简历发双份，PDF和Word格式各一份；

正文写求职信和概要简历。

第3章

# 面试不是简单的FACE TO FACE

## 预测可能碰到的问题

×

毛书记

面试不是要用技巧掩盖真实的自己，而是用技巧展现真实的自己。

首先，我认为提前做功课与展现真实的自己并不矛盾。

其次，我认为“提前准备”“预测问题”“设计答案”这些环节本身就是一个预筛选过程。

对于面试官来说，这些行为不仅表现了面试者对这次机会的重视，也表现了面试者对面试方（在面试你这一活动上）所花费的时间及金钱成本的尊重。对面试者来说，它在不涉及任何欺骗的情况下增强了自身竞争力，提高了面试时的沟通效率，同时证明了你有能力通过提前准备而在面试中表现良好——良好的“努力转化率”——信不信由你，相当一部分人不具备这种能力。很多人哪怕提前准备也无法在面试中表现良好，这可能是因为预测面试问题的能力差，可能是因为对职位的理解能力差，可能是因为语言表达能力差……而你若做到了，则可以证明自己具备包括以上所有能力的综合能力。

举例：

你预测面试官可能会问“你有哪些失败经历以及你从中学到了什么”这一问题。如果没有提前准备，即使你真的有一个完美的事例可以说明自己从失败中有效汲取教训并快速成长的事实，也可能会因为记忆力差、临场紧张等客观原因而无法有效地表达。最后支支吾吾不了了之。这样你不仅错失了通过面试的机会，也浪费了双方的时间，还让面试方损失了一个潜在的优秀员工。

所以，我认为提前做好功课，预测面试官可能会问的问题，并且有技巧地设计答案（不是编造答案），从而更好地表现真实的自己这一行为，是完全合理且不应被鄙夷的。

## 不一样的自我介绍

毛书记

通过这几年大大小小的面试、总结以及与前辈的交流，我给自己大致设定了一个回答类似“不妨简短介绍一下自己”问题的模板：

### 大致背景介绍及目前状况（Background）

类似于“我叫××，××大学××专业研究生在读，本科毕业于××。目前我在××组织担任××职位，在××公司兼任××职位……”的大致介绍。

### 职位相关经验介绍

举出几个与你面试职位相关的（工作/实习）经历。不要只罗列，要用具体事例告诉面试官你做到了什么，学到了什么，达成了什么。不要说“我表达能力好”和“我勤奋肯干”，要说“我被破例允许以实习生的身份在每天的晨会上做宏观经济简报”和“在主动完成分配的工作之余，我还在实习的两个月内先后帮助同事完成了××、××和××三个项目/报告”。

跟你面试职位联系紧密的经历优先表达，其他工作经历则依相关度的递减而递减优先度。比如你要去面试投资行业，之前与金融相关的经历肯定要优先考虑，营销方面的经验次之。当然由于很多技巧是可转移的（比如注重细节、工作负责、主动创新等），所以如果语言组织得好，即使不太相关的工作经历，也可以让面试官从你身上看出他所希望看到的能力。

例如：

> 我去年夏天在北京××资本市场部实习。实习期间我负责××、××、××（简单介绍做过什么）项目，在参与编写只面向重要客户及公司内部的信用债周报中的“新发债推荐”部分时，我通过为投资者简单介绍新发债公司的发债历史、信用情况以及发展前景来为债券做出评估，其间我通过对公司财务报表进行分析以简单评估其盈利能力、偿债能力以及现金流（表现了你良好的写作能力、分析能力、信息搜集能力、信息整合能力和过硬的财务专业知识。而且“重要客户及公司内部”说明在这种重要任务上你的能力足以被信任）。

## 其他值得一提的个人经历

与工作无关，但是能够给面试官留下深刻印象的个人经历。比如曾经骑行去西藏、去非洲做过义工、做过TED[①]演讲者等。终极目的是让面试官从主观上产生“我愿意和这样的人共事”的想法。

对于面试标准，有这么一个所谓的“候机法则”，意为面试官通过面试要选出一个他愿意与之等一个小时飞机的人。也就是说你要有趣，让人乐意和你一起待至少一个小时。从这个角度看，回答中的第三部分是很重要的，这一部分答得好，就能够成

① TED，指Technology、Entertainment、Design的首字母缩写，即技术、娱乐、设计。是美国的一家私有非营利机构，以它组织的TED大会著称。其宗旨是“值得传播的创意”。每年3月会在北美召集众多相关领域的杰出人物，以演讲的形式分享他们关于技术、社会、人类的思考和探索。——编者注

功建立起与面试官的认同感联系，塑造自己的个人形象并引起面试官对你个人的兴趣。

如果专业水平过关，那么面试者比拼的就是这一部分了——是不是讨人喜欢。虽然你会在接下来的整个面试来讨面试官的喜欢，但是在这里开个好头似乎也不是什么坏事。

对于所有的面试问题都“不要只罗列”，而要用事例去证明自己（tellastory）。请确定你的每一个“论点”都有“论据”支撑。

一般来说这个问题应该在1分钟到1分半钟之内回答完。

×

克里斯蒂娜酱

在绝大多数面试中，自我介绍的时间是1~1.5分钟，如果超过2分钟，就有可能被打断了。正常人说话的语速是在每分钟160~200字，如果你的语速超过了220字/分，就不太适合于面试场合了。因此你可以想一想，你有可能在200~300字之内把上述答案中的所有内容都说完吗？

事实上，自我介绍在面试中，就是一个暖场和确认第一印象的作用。在这个环节中，与众不同的印象更多是来源于你的气场和仪态，而不是口述的内容。我们要明白的是，一个公司让你去面试，说明你的简历是通过筛选的，进而说明他们对你的经历已经有了初步的了解，并且认同了你在简历中展现的工作能力。而且在面试之前，正规公司的人事助理会打印一份你的简历交给面试官，而负责任的面试官会提前浏览你的简历。因此在面试之前他对你的大体经历是有所了解的。如果他们对简历中的工作细节有疑问，他们会在后续的面试环节中提出来，并不需要你在自我介绍中详细地重复（比如，很多面试官会问：你在 ×× 项目中负责了哪些工作？你在 ×× 中遇到的困难是什么？就算他没有问，你也可以找到机会插入话题详述你想着重表现的事例或是特质，这个时候才会需要你用具体事例去表现你的自身价值）。自我介绍的主要目的是留下较好的第一印象，并且展现你沟通、表述、总结的能力，而不是真的介绍你到底做了什么。因此在自我介绍的时候一定要注意两点：

**得体的穿着，端正的坐姿。**

**注意表述的语气，条理清晰、沉着冷静、不卑不亢、自信大方。**

尤其是第二点，如果是技术岗位，栽了跟头还有可能翻身，如果是非技术岗位，沟通和表述能力差几乎是硬伤。

关于内容方面，我给两个模板，有需要的自己去填：

应届生：面试官好，我是 ××，是 ×× 大学 ×× 届的学生，专业是 ××。我对 ×× 领域非常感兴趣，在学校学习了 ×× 等相关课程。同时之前在 ×× 公司的 ×× 岗位实习过，负责 ×× 方面的工作内容。同时我还在校级 / 市级 / 省级 ×× 比赛中凭借 ×× 项目 / 课题 / 创新夺得过 ×× 的奖项。现在应聘贵公司××岗位，希望能得到这个宝贵的机会，非常感谢！

非应届生：面试官好，我是××，毕业于××大学，主修××专业。曾先后任职于××、××、××这几家公司，在最后的××中担任××的岗位，曾负责/参与过××、××、××等××级别的项目，并取得了××、××、××等成绩。在公司中曾获得过××、××等荣誉/奖项。现在应聘贵公司××岗位，希望能得到这个宝贵的机会，非常感谢！

事实上，面试官对自我介绍并不会抱很大期望，你也不可能根据一个1分钟的自我介绍就拿下一个岗位。但在大多数面试的前半程，面试官的心中就已经有了大概的决定，后半部分只不过是在验证这个决定的正确性而已。因此一个成功的自我介绍会让面试官对你的第一印象加分不少，进而有助于你后面的面试表现。因此，一定不要怯场！一定不要紧张！不要在自我介绍中表达逻辑混乱！

## 让面试官记住你

×

程序猎人

作为一个面试官，我想提醒应聘者的是，最好能在自己的名字上加点小故事或者趣味性，同时突出自己的特点，让对方很容易记住你。面试官每天要工作还要面试若干人，到了晚上一总结，很容易忘记每个人的特点。但如果每个人都能说清各自的特点的话，便会加深面试官的印象。而且，从我的实际经验来看，为自己的名字加点趣味性，不仅适用于面试时，其他很多场合也可以给你带来好处，让大多数人很容易记住你。我就因为给自己的名字加了点趣味性，常常会通过一次培训就能让全班的老师和学生都记住我，为今后扩展人际关系打下良好的基础。

我的本名是“王元”，所以做自我介绍时会说：“我叫王元，国王的王，元首的元。本来我爸给我起名字的时候是希望我长大后很厉害，但他没注意到这两个字合在一起就是“玩”。所以，其实我比较喜欢玩。不过，我最喜欢的玩乐就是写程序、做软件，于是就进入了这一行……”接下去就顺理成章地开始自己的经验介绍环节了。

## 失败的自我介绍

Gavin Wang

作为有八年经验的HR，提出以下建议：

首先要了解面试企业的文化，具体就是他们喜欢什么样的人，这点可以通过内部员工去了解、通过公司网站去揣摩等。面试官第一眼就会看出你是否符合这个企业的文化，听起来很玄，但确实如此。

在了解企业文化的基础上，做些适当准备，比如，着装、举止等，同时在个人简介中适当融入对企业文化的理解，但不要搞成表忠心的样子。

你在做个人介绍时，HR的心理活动主要有以下几种：

• 个人介绍无亮点，对企业不了解，对岗位不了解，自我认知差，负分！

• 念简历的负分！

• 流水账的负分！

• 啰嗦起来没完的负分！

• 没有重点的负分！

• 三段论的负分！（我叫 × × ×，我的教育经历 × × ×，我的实践经历 × × ×，类似不再例举，等你面完 10 个人都是如此雷同的简介，你会明白我的感受。）

• 言语表达差的负分！

• 不修边幅的负分！

• 表情呆滞，毫无笑意，苦大仇深的负分！

• 油嘴滑舌，虚头巴脑的负分！

• 不说问好、谢谢，礼貌不周的负分！

• 立场不坚定的负分！

• 抖腿、转笔、仰坐等小动作负分！

总之，好的自我介绍有多种表现形式，但都体现出了你的自信、专业、职业化、性格、态度，虽然只有 1 分钟，但基本可以决定你的去留。

# 如何在群面中表现出色

小风嗖嗖的

## 群面名称

群面（Group Interview），它真正的名称是：无领导小组讨论。

## 群面类型

群面主要是以案例分析为主，包括问题解决型的案例分析，比如10年前，我经常遇到的问题是：如何解决北京交通拥堵的情况。10年过去了，千千万万的面试者也没解决好北京交通问题，实在令人遗憾！当然，这只是常规案例，还有就是给你一堆刀剪斧锤，让你做出个桌椅板凳。另一种案例分析是实际商业案例分析。要么就是公司濒临破产，等着你们小组发布新产品让公司起死回生的，要么就是公司等着你们小组决策，是走高端精品路线还是低成本迅速占领市场份额的路线。当然也可能是A领导要求B下属去和C部门的D领导的E下属协调处理F项目中的G环节，问你们该如何做！

## 能力考查

面试官要考察应聘者的主要能力包括：沟通能力、分析能力、协作能力、反应能力以及综合能力。

### 群面流程

1. 规则说明；

2. 自我介绍；

3. 思考准备；

4. 小组讨论；

5. 总结陈词；

6. HR提问。

### 规则说明

关于规则说明部分，唯一的忠告就是：认真听讲，遵守规则。认真听讲是为了遵守规则，如果觉得只用耳朵听还不能够记住的话，那就写下来吧。在面试过程中一旦违反了规则，就会让自己甚至是团队处于被动的局面，轻则扣分，重则出局，请各位慎重。例如，面试官可能要求自我介绍用1分钟时间，你如果用3分钟就不合适了；再比如，面试官说个人陈述期间，其他组员不得打断陈述者；再比如，不得交换材料或者不得私下讨论等。

### 自我介绍

群面的自我介绍一般时间短，任务重，要求高，因此各位求职者务必记住：简单、明了，直击关键。

群面的自我介绍有几个原则：让别人记住你的名字；尽可能

记住别人的名字；体现自己的优势以及与公司岗位的契合度。

**让别人记住你的名字**

这里面的“别人”，除了面试官，还有你的组员！如果你的组员都不知道你叫什么名字，那他怎么找你来做些互动和配合。名字应该怎么介绍呢，举两个例子吧。

“我叫伍岳，伍思凯的伍，岳不群的岳。”

这是《猎头局中局》中萧东楼的好朋友伍岳的自我介绍，简单好记！

“我爸叫马冬，我还没出生的时候，我爸就死了，所以我叫马冬梅……”

当我走出电影院的时候，其他的没记住，只记住了这个刻骨铭心的自我介绍。

**尽可能地记住别人的名字**

这既包括面试官的名字，也包括所有组内成员的名字！

不一定要记住全名，一个亲切的名字总比直呼编号要好，比“那个谁”就更好了。记住对方的名字，可以换来组员对你的敬意和支持。

**体现自己的优势以及与公司岗位的契合度**

大家既然能被公司选中来参加群面，说明大家基础条件都差不多，至少在学校、专业、校内外活动、实习工作、获奖情况等方面不相上下，那么在群面这种自我介绍时间比较短的关键场合，建议直击要害——你与众不同的特质以及与公司岗位的契合度。一般 1 分钟的自我介绍，说完姓名，来自哪个学校，再加几句客套话就没什么时间了，这个时候，一定要把杀手锏亮出来，一是给面试官留下更深印象，另一方面震慑一下组员们。当然，一定要把握节奏，不能过于高调。

### 角色扮演

群面讨论阶段的角色分工，从领导者到计时员，从建议者再到汇报者，以及记录者。很多人无非是权衡自己以及组内其他人员的特点和能力综合选择角色。我反倒认为，这种先入为主的角色扮演并不利于各位应试者的发挥，甚至会面临被淘汰的风险。

无领导小组讨论之所以被广大招聘单位所青睐，是因为一个人的本质特性会在压力面前自然表露而无法隐藏与掩盖。在这种情况下，如果事前先入为主地选择了角色，就是在给自己戴上一副枷锁。因此顺其自然才是最重要的。

首先，各位要知道面试官要考察应试者哪些东西，面试官要考察的能力主要包括以下四个方面：情绪、表达、逻辑、倾听。当然，其他方面也会有，但是这四条是比较关键的部分。面试官不会因为你应聘的是顾问就不考察你的倾听能力，也不会因为你应聘计时员就不考察你的表达能力。相反，无论你扮演什么角色，在面试官看来，你们都是平等的，面试官都会在模板一样的打分表上给各位打分。所以不要轻易先入为主或者提前给自己设定角色，这又不是角色扮演游戏！

群面的话题和类型无论如何千变万化，都逃不出这个逻辑：发现问题，解决问题，得出结论。因此有两条原则，请务必牢记：

**促进项目的推进并最终顺利完成。**

所有人都是在一条船上的，因此，问题的顺利解决才是讨论阶段的关键。在这个过程中，好的建议你可以支持，不合适的意见你可以反对，违反规则的你可以提醒，有遗漏的你可以补充，并不是要你当十项全能的花孔雀，只是想提醒你，保证任务完成才有可能取得最终的胜利。

**提出合理化、创新性的建议。**

在任务能顺利完成的前提下，好的建议是画龙点睛之笔，无论你在小组里扮演什么角色，只要结论中最闪光的部分出自你的创意，那你的群面得分不会低。因此我的建议是：一旦知道讨论的主题，就需要迅速调整注意力，把焦点放到思考合理、创新的建议上来。

## 八、实战技巧

**稳定情绪**

群面中情绪的稳定是最关键的，一旦在群面中情绪过于紧张，便会让你过分地曝光在大众面前。这个时候最基本的素质就是平静，兴奋而不亢奋，主动但别乱动。

**注意表达**

这一点说起来显得空泛，其实主要表现在：语言流畅、丰富词汇、避免啰嗦等。例如在提反对意见的时候：“前面三位同学的主要思路是从……角度，我觉得还可以从……角度来思考这个问题……”

委婉地指出对方的问题所在，又能表达出自己的不同见解。

**保证逻辑合理**

发言一定要有逻辑性，关键就是学会用“第一、第二、首先、其次、主要……”。你的发言可能包括个人陈述部分和讨论部分，无论是哪个部分，都要有逻辑性，比如：“我觉得这个问题可以从政治、经济、文化、教育、军事 5 个方面进行讨论……”

**尊重他人**

尊重每一位组员，对于能力稍低的人不要蔑视，对于持不同意见的人不要恶语攻击，更不要怀着阴谋论的思想来参加面试。

**言辞真诚**

群面中语言一定要真诚，不要虚情假意，更不要夹枪带棒，遇到错误主动承认，若对方有错，请委婉地指出。

**先发制人**

在群面开始时，可以先发制人，也就是先进入话题，不一定是抢着当 leader（领导者），但是确实可以让大家迅速进入状态，也让面试官第一个注意你，记住，一定要底气十足。

**帮助弱者**

不论你是不是领导者，都希望你能给那些默默无闻的同学一些机会，原因就不用说了。

“默默无闻同学，你好像一直都没有发言，你有什么意见呢？”

**不计较名利**

不要计较名义上的领导者，能不能当领导者，不是要在脸上盖个戳，写上“领导者”三个大字，而是要真刀真枪地做出来，得到大家（包括面试官）的认可，所以即使组里有人跳出来说他要当领导者，不妨说：

“好啊，我觉得没有问题，大家顺利完成任务才是最重要的，希望××同学能够不负重托！”

实际上，每个人都有机会发言，你也不例外。

**记录思路**

不要因为现场有专门的记录员，你就可以不记录或者随意记录，一定要详细记录思路（含关键词），这样在反驳对方、说服对方、总结陈词、回答面试官提问的时候都可以表达自如。

**任务第一**

所有工作的前提都是要保证任务圆满完成，而非自我展示，因此任何阻碍任务顺利推进的行为，你都有权力进行阻止和纠正。

## 准备工作

**搜集题目，练习表达**

网络上各类题型都有，辩论的、排序的、案例的、工作的，把它们搜集过来，把自己发言要用的部分，写下来，对着镜子练习。主要练习两部分，一是个人陈述，二是总结陈词；

这两部分就是群面发言的核心。练着练着，你就可以总结一些发言的模板，即使以后遇到新的问题，你一样可以说得流畅而富有感情。

**组织群面兴趣小组**

到校园的BBS上找人成立一个群面兴趣小组，如果说群面是一场真正的战斗，那么搜集题目独自练习最多算是靶场打靶，而组织群面兴趣小组就是军事演习。

**读书，学习，参加课外活动**

群面会让一个人的本质特性在压力面前自然表露，而无法隐藏与掩盖，那么能在群面中胜出的关键其实是让自己变强！这样，即使有再大的压力，你也是在展现真实的自己。

## “你最大的缺点是什么？”

×

Mu Tian

这是很常见的行为问题[①]。这类问题的目的是看应聘者的性格是否适合公司文化。在投资、银行、咨询这类主要与人打交道的行业中，性格还是很重要的。你让扎克伯格或者乔布斯当投资家

① 行为问题：behavioural question，美国职业面试中最常见的形式。通常是由面试官抛出问题，让应试者从自身经验中举出例子，以使面试官对应试者的技能和个性加以了解和判断。——编者注

或者咨询师，肯定没戏。

金融行业面试基本是由该岗位的未来同事和上司进行的。这种面试技术性强，行为问题主要考察的就是你是否真心想做这份工作，你的性格与企业文化是否相符。所有答案都应该围绕这两点（即每个经历都应回归到你通过这个经历学到什么，该职位所需的关键技巧，为何这些经历让你想做这个工作，该经历体现了你怎样的个人风格）。通过对这个问题的回答来获得好的印象是很难的，重要的是怎样避免留下坏的印象。有以下几个要点：

• 避免避重就轻，不要谈一个算不上缺点的缺点。比如熬夜会困，或者（待人接物）太客气，（投资思路）太保守。

• 避免谈非职业缺点，比如有感情洁癖，挑食，不擅长陪女友逛街，做饭经常烧糊。

• 避免谈到无法改善的弱点，比如我算数必须用计算器，我脑子不好使看书不能理解。

• 避免谈到致命弱点，比如脾气怪异、不喜欢合作、迟到早退等。

那谈什么最好呢？我认为有三个要点：

• 谈已经在改正的缺点或者有明确计划来改正的缺点。尤其是你能够充分论证在近期就可以解决的缺点。

• 谈一个能利用你的优点改正的缺点，顺便带出一个优点。

• 关键的是，谈一个真实的缺点。如果你申请的是投资银行、资产管理、咨询等方面的工作，要记得你的面试官就是靠跟人打交道为生的。该条适用于所有面试问题，一定不要在简历上作假，否则你赢的可能性不大。正确的做法是选择性地介绍你的经历，突出学到或用到的相关技能，忽略无关部分。

我听到的比较好的几个缺点包括：1）喜欢追求细节导致项目或作业未能按期完成。可通过时间管理能力改变工作方式，先完成框架再改善细节得以解决；2）不知如何拒绝，同事要求帮忙一概揽下，影响自身工作进度。通过多任务处理能力设定事务优先处理顺序，以该优先顺序表向求助同事展示自己手上的工作，并给其一个自己在何时可以给予帮助的预估时间，让求助人自行决定是否通过你来解决问题。

## 那些不能说的话

×

程序猎人

作为一个自认为比较宽容的面试官，我认为最不能说的就是谎话。

其他我都是可以容忍的，只要没指着我的鼻子骂就行。曾有人明确表示不希望我超时，因为他还要参加另一场面试。我没因此影响对他的评价。曾有一个人在我让他用外语做自我介绍时，很照顾地问我："我用日语说，您没问题？"我也让他通过了。

先澄清一下，所谓的谎话和对同一事物的不同描述是不同的。

比如，当问到是否具有某项技术的相关经验时，有些人真的很坦诚，就说“没有”，然后就没有其他话了。但有的人说：“对不起，我之前的工作都没接触过这方面内容。但如果有机会我随时愿意去学习。比如在之前的某项目中，我就初次接触了××××，用了多长时间就基本可以上手了……”并借此来说明自己的长处。这样会让面试官对你有更好的印象。当然，前提是你说的例子是真实的。这样不算谎言，只能说对同一个问题的回答方式不同。从而也表现出被面试人的精神面貌以及不同的应聘态度。

我所说的谎话是指不符合事实的回答。比如同样问到是否有某项技术的经验，回答者说曾做过一年该项目。但问及细节会发现被面试人对这一技术根本不了解，仅仅知道项目名称而已。再继续追问，发现其经历过的项目虽然使用了那项技术，但其本人所担当的部分与那项技术完全无关。这种就算说谎了。这个谎言导致了面试中花费很多时间用来求证，耽误双方时间。让我怎么能相信这样一个人在实际工作中报告进度时或者犯错时不会谎报、虚报？

对于加班和出差，如果确实因为某些原因（比如家庭情况、个人人生大事等）无法接受或者只能少量接受，我认为还是在面试时明确说清楚比较好。根据情况，倒不一定非要自己很突兀地提出，但被问到的时候要实事求是地回答。这样，一方面可以节省双方的成本，另一方面也可以让用人方尽早做好调整的准备。试想，如果在面试中不讲明自己的实际情况，被聘用后因为连连加班或者长期出差影响了自己的生活，恐怕也不能说是找到了一份满意的工作。因此自己郁闷也好，再次跳槽也好，都是用人方、应聘方两败俱伤的结果。另一方面，如果坦诚说出自己的要求和实际情况，结果被拒也不见得就是什么失败。

一直觉得中文的面试一词不如英文的interview好。interview就是inter-view，也就是互相看看的意思。这是个双向选择的过程，作为应聘者，绝不要把自己作为弱势方来看，而应该是与公司平等协商的态度。公司不聘用你，不见得是你的能力不足或是你的失败，就跟买东西一样，只不过是双方不太契合。完全没必要为了通过面试而去刻意迎合公司。不过，从社会现状来看，如果在初入职场尚无太多资本的时候，坚持选择不加班和不出差的工作方式，除非有什么非凡的本领，否则恐怕很难有一份令人满意的工作。

✕

李一凡

首先，不能说谎，圆谎的成本会随着时间越来越高，总有一天会让你承受不了。所以，一开始就不要说谎。

其次，不要自夸，从面试角度来说，人事经理见过的应聘者肯定远大于应聘者见过的人事经理，所以，正常表现即可，让对方判断你是否合适。

最后，不要批评曾经的公司和领导。一方面，人事经理会害怕你以后离职后给出差评。另外，负责招聘的人并不是一个很大的圈子。

罗骏飞

面试的是行政岗位，被问及兴趣、职业规划时却说想做销售。

面试前对应聘的公司、职位毫无了解，导致回答问题时文不对题。

说之前公司、同事的坏话，尤其是激烈的批判语言。就算他们真的不好相处，对你真的不好，但在新公司看来，也会认为你不那么好相处。

问及关于面试官个人的私人问题。他和你真的没有那么熟。

尽量不提及各种非主流的离职原因，以及各种显得你有非主流倾向的经历、事件。

只是来这家公司锻炼一下、学习一下、换换环境……公司是要你来创造价值的，不是让你来学习锻炼的。

就价值观、信仰等主观看法与面试官争吵、辩论，以显示你才是掌握真理的人。

显得你什么都不会做或者什么都能做。

在面试官想结束这次面试的时候，你还说个没完。

## 你已经不是学生了

×

袁一伦

对找工作的毕业生给出的最首要的建议：别再把自己当作应届毕业生或者实习生。无论是刚毕业还是实习，不要总抱着“虽然我刚毕业，但我能力很强，学习能力很快，是个潜力股”的想法。要成熟地看待自己，把“毕业生”的身份转换为“职业人”。

职业人和毕业生最根本的区别是：自信心、对自我优劣势的认知、专业态度不同。

自信心不说了，是由综合素质、实践经历等同比同龄人的优势所建立起来的。我曾经面试过几个实习生或毕业生，他们跟我说：“我刚毕业，不是很懂，但愿意学，哪怕不要工资！”这真的是太稚嫩的想法了，以为自己不会耗费成本，殊不知带新人是需要耗费领导的时间精力的，这也是成本。其实企业并不是一味考虑节省，而是更愿意“花钱创造更多价值”，所以更希望听到的是“我对这部分工作虽然没有实践经验，但我非常感兴趣，我对它的看法是……非常有信心能迅速上手，帮助公司完成……”

对自我优劣势的认知：除非技术型人才，不然刚毕业时基本没什么核心竞争力，但其实学习能力、沟通能力、解决问题的能力、人际关系处理能力、责任心等都是非常实在、非常具体的能力，若具备这些，便能很快对业务上手并做出贡献。如何让公司相信你具备这些优点，觉得你“好用、靠谱”，就是你在面试过程中需要找机会展示的。自己的能力不要赘述，而是多举实例证明，让面试官自己判断，一味吹嘘只会让人觉得华而不实，要学会低调地展示。

专业态度：不是指业务能力，而是对是非的客观态度。领导不一定都正确，有可能处于一线的你更加熟悉业务情况，而领导也许只是获取到被其他员工筛选过的片面信息。你是否敢于委婉地提出自己的意见，既能让上级接受，也能很好兼顾同事关系。当然，专业态度还包括其他能力，例如职业素养。

一般公司会招聘毕业生或实习生的原因无非有两个：

1. 节约企业成本，实习生能完成的工作没必要找一个全职的员工［很典型的职位就是BD（商务拓展）助理、销售助理等］，某大型OTA（线上旅行社）以前最喜欢招能干的实习生，工资低得可怜，工作半年到了转正的时候，只要公司核心岗位没有特别的空缺，该实习生，哪怕工作能力强，也很有可能被辞退，重新招一名实习生。这种情况在那些已经上市的、特别注重个人绩效的企业中特别容易发生；

2. 当然，更多企业喜欢毕业生，例如阿里、百度，是因为“培养人才的成本”远低于“挖人才的成本”。这类企业是毕业生和实习生应该关注的，因为他们注重长期的投入和价值培养。请大家慎重选择，不要觉得自己是毕业生、实习生就处于被动状态，也不要一味只看到大公司的光环。审慎选择，对自己负责，也对工作负责。

## 电话面试

×

王光朝

电话面试是节省双方成本的一种非常好的方式。我本人通过电话面试过很多人。以下是一些建议：

• 接打电话的环境：找一个非常安静的地方接受面试。面试时，现场发出的任何声音都会对对方产生影响。

• 个人精神状态：面试前不要熬夜，面试前一小时内不要睡觉，以免电话面试时音调像没睡醒的状态。

• 通话信号要稳定：现在一般都会用移动电话接受面试。一定要找一个移动信号足够强的地方接电话。注意：不仅仅楼层高电话信号不好，有些大厦即使在二层照样信号不佳。

• 做好准备：把自己的简历放在手边，打印件或者笔记本、平板电脑都可以；要先通过互联网对对方企业、行业有个大致了解。

• 仪态：坐姿端正:不在于对方是否看得见，关键是坐姿不佳时，说话底气也会不足，影响发音清晰度。面带笑意:微笑的表情会通过声音传达过去，让你的声音听起来更阳光。

• 声调：为什么不强调礼貌呢？这是因为大家都懂得礼貌，但很多人不知道接打电话时，应该如何发声会显得礼貌。凡是积极的态度，发出的声音往往“升调”较多。也就是每句话都是用升调结束（可以体会一下疑问句的发音。比如英语句子：Are you OK?的语调。也可以打一些客服电话，体会一下他们是怎么说话的）。以上这些，我认为第6条最重要。

## 抢话是大忌

吴思扬

我经常通过电话面试他人，我补充一点礼节方面的内容。最容易引起面试官反感的，应该是抢话。

电话相当于单向沟通，如果只顾着把自己想说的说完，无论是面试官还是应聘者，都是很粗鲁的行为。可以在句子之间多停顿一下，让对方有打断的时间，并且在完整表述后，说一句“以上是我的回答，您有什么看法？”如果面试官习惯抢话，就让他抢，抓住有限的时机概括回答，效果会更好一些。

## 你会捡起地上的废纸吗?

克里斯蒂娜酱

作为一名职业猎头，曾经服务过20多家公司，与其中5家有长期服务关系。这其中有十几万人的世界500强公司，也有

50人的初创、成长型企业。每年经历的面试有成百上千次，在此分享一些我自己的经验。

没有任何一个正规的、希望长久发展的公司会录用一个十恶不赦的、只是能帮助公司上市的候选人！

无论是初创型公司还是世界500强企业，对于候选人的要求永远都会有类似“踏实认真、热爱学习”“沟通协调能力强”“愿与公司共同发展”等条件，而这绝不仅仅是说说而已。

道理很简单，市面上永远都有同等能力水平的人，而品格素质方面的问题最后给公司造成的风险和损害，会远远高于你创造的价值。

这点在大公司就更加明显：工作永远都有人干，我们只想要个听话的员工。

列举两个我亲身经历的最简单的案例：

1. 一个初创型公司，通过我们的努力好不容易从BAT中的某家公司挖了一位技术总监，薪资待遇都谈妥了，在最后入职前的背景调查中，发现该候选人简历有造假的地方，他把在BAT之前的几段短暂的工作经历合成一家，该初创公司的高层在纠结了两个星期之后，最终放弃了该候选人，理由是此人在忠诚和诚实度方面有问题。

2. 另一家发展中公司，在产品研发中遇到一项技术难题，迫切需要一位该领域的人才。我们推送过去一位候选人之后，该候选人因为知道自己掌握的是公司需要的核心技术，故而在面试过程中表现得非常跋扈并且漫天要价。而这家公司因为急需这样的人才，忍痛将其招聘进来，却在一年后，公司渡过难关后，使其主动离职。

这两个人，一个是诚实度的问题，另一个是团队合作的问题，这都不能算是十恶不赦，却都在公司的用人过程中被淘汰掉。

小公司尚且如此，更不用说那些在世界500强公司面试过程中因为穿衣风格不符合规范、一句话说错、表达欲望太强等各种细小因素而被淘汰的候选人。

更何况，绝大多数人在技术上都还没有达到案例中那种无可替代的程度。

现实的情况是，一个公司要招聘几个工程师，你去面试，发现有20个跟你差不多水平的应聘者。

此时公司选谁、不选谁？很简单，看谁顺眼就选谁。如何让面试官看得顺眼？看你们如何“捡纸”。

在任何面试中，硬性的技术能力和软性的素质条件，两者都是同等重要的。

这也是为什么很多候选人在心仪的公司面前愿意走内部推荐和猎头推荐的渠道，因为这样更容易得知面试官或大老板的选择偏好。

而且，根据我的从业经验来看，同龄人中，年薪100万的候选人和年薪50万的候选人，前者的软性素质完胜后者。其实道理很简单，因为跟前面这种人沟通起来更加愉快，所以有更多的人愿意和他做朋友，愿意在他需要资源的时候提供给他，愿意在技术上指导他，愿意给他更多的机会，愿意助他成功。

因此，只会“捡纸”固然不可，但在现有硬件能力的基础上，还是建议诸位学会如何“捡纸”。

第二部分 ×

# 达人的成长路径

职场是职人的修炼场，沟通能力是职场第一生产力，你只有快速融入、有效沟通，准确锚定自我定位，不断完善并落实到细节，在合适的时机巧妙露出，才能高效进阶。

第 4 章

# 锚定个人坐标

## 适者生存＆精准定位

×

古典

中国职业生涯发展协会（CCDA）的生涯研究中心曾经做过一个有趣的调查。他们调查了 500 多位在职人士，问了他们同一个问题："为了让你从职场新人中脱颖而出，你觉得下面哪三项最为关键？"然后这些人需要在"时间管理""人际沟通""积极的职业态度""找到自己的天赋"等清单中，选出最重要的几项。

如果仅仅告诉读者所有人的统计结果，这个报告结果挺平庸。但好玩的是，他们把职场新人（0~3 年，占 51.2%）和职场老人（3 年以上，占 47.8%）的选择做了一个对比，有趣的事情出现了。

职场新人认为最重要的三项:“专业知识与技能”“拥有核心的硬技能”和“认可的行业与职位”,在他们的过来人的列表中,却分别排名第 2、第 6 和第 5。而职场老人最看重的:“积极的职业态度”“专业知识和技能”以及“良好的职业习惯”,则分别在新人榜中排名第 8、第 1 和第 10。

职场新人把职业的成功归功于自己拥有强大的专业知识、技能和能力储备,以及是否能够进入好的定位“认可的行业与职位”。而职场过来人则认为,除了知识与技能之外,那些进入职业生涯后你学会的东西——“职业的积极态度”和“好的职业习惯”,才是职业发展的关键。而“准确的职业定位”或者“认可的行业和职业”,在他们看来都并非重点。

为什么职场新人和职场老人对于成功的因素的认识差别那么大?我想是因为下面三个方面的交叉作用:

对职场的认知不同:刚毕业的新人,很容易把职场当成自己大学生涯的一段延续——能力要高,专业要好,自己知识要过硬。而过来人则明白,大学和职场是完全不同的两个领域,是从学生生涯的最顶端下来,心态归零,重新从山底爬职业这座山。面临一个全新的环境,积极心态和重新培养好的习惯至关重要。

在知识爆炸、科技飞速发展的时代,大学学习的知识和技能保鲜期很短——在毕业那天,被淘汰的就有近 40%。剩下的 60% 中,真正在工作中用到的不足 20%。大学的专业优势大概只能支持你进入职业 3~6 个月,而学历(硕士,博士)优势只会在职场中保持

1~3 年。其他所有的成功技能，都是在进入职场之后学到的。

匹配论与适应论：职场新人往往过度看重如何“找到”适合自己的工作和定位，希望一下子进入与专业技能匹配的职位。而几年的工作经验让职场老人很清醒——所有适合自己的工作定位都是干出来、争取出来的——即使暂时没有找到，只要保持积极的态度、积累自己的能力，也能让自己在找到的那一天，有实力能够进入。职场头三年，不靠定位精准，而是适者生存。

最后还有一个细节能证明我的观点——职场新老人对于“找到并发挥自己的天赋”这一项的评价差距最大——显然，新人期待通过识别和发挥天赋，在职场中达到成功，其实他们期待的是不费力的获胜。他们不知道，发挥天赋并让世界承认，所付出的努力远远比仅仅做好职业要难很多。而老人们则更加冷静：前三年的职业生涯中，只要态度好，慢慢养成好习惯和专业技能足矣。认真就能及格，努力能有 80 分，技能和好习惯能让你拿 90 分，最后从 90~100 分才是天赋之争。

你现在能拿多少分？

## 如何规划生活和职业

×

Ann Wang

即将步入职场的毕业生，首先要思考自己想要什么样的生活，其实也就是所谓的生活规划；有些人首要的规划是实现自己的理想，可以选择继续考研或者去做喜欢做的工作，又或者去旅行，去做义工，等等。我认识一个朋友，大学毕业后就脱产考研，一定要考上才罢休，所幸她也没花费太多时间，第二年就考上了第一志愿。还有一个师兄，大学毕业就去环游世界了，这种人是最幸福的，没有后顾之忧，只需要明白自己想要干什么，然后去做就可以了。第二种是要稳定，我认识的想要稳定的毕业生，一般来说会听从家里的安排去考公务员，做老师，或者在家相夫教子，总之怎么省心省力就怎么做，也不失为一种洒脱。第三种是最常见的，就是要解决自己的生计问题，毕业就失业，毕业之后不想也不能伸手向家里要钱了，最先要做的就是先养活自己和孩子，在这种情况下，就应该要先就业再择业，把姿态放低，瞧准目标尽快找到工作。

最不建议的生活规划，是逃避压力。比如为了逃避就业压力而选择考研或者考公务员。这个和第一种（实现理想型）不一样，第一种是生活规划，因为觉得自己适合读研（做公务员），想要读研（做公务员）而去做，第二种是为了转嫁压力和风险。就业的压力，不是你想转移，就可以转移的。花费三年的时间，读个没有太多含金量的研究生专业，只会增加你的成长成本，减少就业竞争中的年龄和精力优势。至于公务员，我个人觉得这真不是什么金饭碗（请参见20世纪90年代国企铁饭碗们成为下岗职工的血泪史），历史总是在不断重演，被抛弃的往往是不长记性或者抱有侥幸心理的人们。了解了自己的规划之后，要做什么？

职业规划！

我记得当年作为应届生面试的时候，常常会被问到职业规划是什么，当时的我很认真地思考过这个问题，不过没有找到答案，当然，为了应付面试，我跟大部分应届生一样，会根据应聘的职位要求编一个比较得体的答案。其实从现实角度来说，对于初入社会的大学生来说，规划都是不切实际的，因为我们不了解自己，也不了解我们所要面对的这个社会，在大学里设想的职业规划，都带有强烈的理想主义色彩。但是我又觉得，这种不切实际的规划，是非常必要或者说是至关重要的。在就业并保障了自己的基本生活需求之后，就要根据工作情况来考虑，这个职位是否适合我、为什么不适合我、我想要做什么、我想要在三年内做到什么程度，这些是职业发展最基本的思考。注意，是在找到工作之后，再根据实践情况进行规划和调整。在家里坐着，规划得再好都是白搭。

职业规划要如何实现？答案是知己知彼，百战不殆。

这是从我老板那里学到的让我终身受益的思维方式之一。我跟老板说：我的规划是 3 年内要达到月薪多少。他接着问了我一个问题：那你觉得，要怎么实现呢？我当然不知道怎么实现，于是就讷讷地表示不知道。因为我的目标实在是过于模糊，他就给我打了几个比方：

如果你的规划是 5 年之内做到 500 强企业的人事经理，那你首先要做的，是去收集信息，看看 500 强企业的人事经理都是什么样子的。需要具备什么素质、什么资历、什么能力，尽可能多地收集信息，然后与自己的情况做对比，你有这样的素质、资历和能力吗？如果没有，那你有什么办法去获得这些素质资历和能力呢？收集完信息，完成对比之后，你会发现两种结果，一种是，你通过努力是有可能在 5 年内做到 500 强企业的人事经理的，那就照着对比情况制订行动计划，努力吧！还有一种是，你通过各种渠道、各种努力都没办法获得这些素质、资历和能力，那就对自己说声对不起，然后换个更切实际的目标。

如果你的规划是 5 年之内实现年薪百万，那首要做的，就是要看看，什么样的人是年薪百万的，你所在公司有人可以达到年薪百万吗？如果有，他们是什么职位？如果要做到他们的职位，需要具备一些什么素质、资历和能力？你能做到吗？还有一个方向是，你做的这个领域（比如说我做的HR），有人达到年薪百万吗？如果有，那他是什么职位？是人事经理、人事总监？如果是人事总监，那需要什么素质、资历和能力？你有可能做到吗？可行性分析完毕，依旧会得到两种答案，一种是，你可以做到，那就努力吧；一种是，你不能做到，那就换个目标。

这个思路给了我很大的启发，之后的很多情况，我都运用这个思路来确认自己或团队的想法是否可行。毕业生可以参考上述的思路规划生活和职业。比如，一个急需要完成经济独立（生活规划）的学生，毕业第一年的职业目标是月薪3000元（职业规划），那么思路应当是这样的：

什么样的职业可以在就业第一年达到月薪3000元？——>这些职业里面有没有不需要工作经验而是面向应届生的？——>在面向应届生的工作中有没有我喜欢的或者我擅长的？——>我喜欢的或者我擅长的这些职位需要什么素质和能力——>投递简历——>根据所需的素质和能力准备面试（比如应聘某公司的出纳职位，先查查该公司的官网和应聘网页的介绍，如果看到这个公司财务会使用SAP系统，那么去查查SAP系统是什么，基本的操作流程是怎样的，以此类推）——>以学习的心态去参加面试，平常心面对成功或失败，学会总结面试经验。

在职业规划之后，就是脚踏实地地工作了。

## 模糊的职业规划意识

×

王承伦

相信吗？只有从事你喜欢、感兴趣或在乎的事，你才有可能获得成功。这样说很合理吧？但是，你身边有多少人正受困于不喜爱的工作？有多少人真正关心或热爱他们的工作？又有多少人在工作中获得了自己原本期许获得的成就？其中很大的原因就是，有人在选择职业时忽略了自己内心的声音。

当然，在评估任何职业选择时，考虑外部因素很重要，诸如行业、公司、职责范围、老板、头衔、福利、薪水、地理位置等。然而，我所遇见的那些成功人士会反其道而行之，面对职业机会，他们会先考虑内心因素，听从内心的声音。比如：什么是他们真正喜欢做的？他们最关心在乎的是什么？什么对他们最重要？以及他们对什么有热情？

职业选择，并不是好或坏、对或错的单选题。它是因人而异的。适合的才是最好的。比如，有些人喜欢职能细分明确、成熟的、可预见的工作环境，像是大型的跨国公司。有些人则偏好尚在发展中的、灵活的、更具挑战性的环境，像是中小型企业或新兴企业。有些人更看重头衔或薪水，而有些人则更注重工作满意度，以及工作和生活的平衡。这些完全因人而异。

诚然，工作努力、拥有相应的工作技能是获得成功的必要因素。但是，如果你喜欢自己所做的工作，你就更容易坚持下来并为之努力，也会想方设法把它做好。因此，取得事业成功并收获快乐的最好方式就是：在权衡外部因素前，首先明确并遵从你的内心需求。

作为应届毕业生，如果你还不清楚以后的职业方向，别担心，大多数人都是这样。在明确真正喜欢的事之前，我们更容易在生活中发现自己不喜欢的事。

说说我的经历，我职业生涯的第一份工作是在一家世界顶尖的玩具公司担任设计工程师，之后我成了一家知名电脑公司的市场专员。但在过去的 20 年中，我一直投身于招聘及人才发展工作。为什么我的行业和职能可以发生如此戏剧性的转变？

我经常告诉候选人要努力培养那些“通用”技能和能力。这样无论最终从事哪个行业或职能，你都将从中受益。这些技能主要包括：人际沟通能力、分析及解决问题的能力、项目管理能力、销售技能、团队建设及领导力。在你的职业生涯中，无论身处哪个行业或职能部门，这些技能你都会需要，并且它们能影响你的成功。

举例来说，管理公司需要与人沟通、打交道。当我们要成功完成某件事时，分析及解决问题的能力就必不可少。良好的项目管理能力在项目的实施过程中起着举足轻重的作用。出色的销售能力、影响力能让你更好地被管理层、同事或客户所接受。而团队建设和领导力在各行各业都很重要。

在我担任设计工程师时，培养出的问题分析及项目管理能力，帮助我更好地胜任市场专员一职。而做市场专员时学到的沟通及销售技能，以及就读MBA时培养的领导力，使我最终能够创办自己的公司，将招聘及人才发展顾问作为我的终生事业。事实上，要明确未来 10 年乃至 20 年你会喜欢做什么，并不是一件易事，尤其当你还处于职业生涯的早期。但请别太担心。在寻找的过程中（可能需要好几年），你只要尽量抓住那些可以助你培养全面、通用的技能及能力的环境、机会、工作，当最终明确你真正想要追求的职业时，你将发现这些技能在不同的职业道路上都会适用。

第 5 章

# 这些细节可以为你加分

## 怎么写得体的电子邮件

×

奶牛 Denny

你一定曾经发过很多封石沉大海的邮件吧？你是否也曾经认为某人看上去亲近平和，却不回复你的邮件呢？ 95%的情况下，并不是对方耍大牌。真正的原因是，你发邮件的方式错了。所以这里就讲讲如何发一封冷邮件（Cold Email）[①]。三个核心原则，由浅入深来讲。

**原则一，越短的邮件越容易得到回复。**

这个最简单易懂，每个人应该都深有体会，但自己发邮件

① 冷邮件意为给初次认识的人发邮件。——编者注

的时候往往会忘记。我自己的真实情况是，两三句话的陌生邮件会立即回复，五句话以上的陌生邮件就会放一放，大部分放在那就再也不会去回复了。邮件字数越长，给对方造成的精神压力越大，现代人的日常压力已经很大了，实在是心有余而力不足，只能直接把你这份压力抛之脑后了。所以，5 句话以内的邮件会比较有效。

**原则二，别说你自己的事儿，说这事儿跟他有什么关系。**

在这个世界上对方最在乎的人是谁？对，就是他自己。太多人写Cold Email的时候，花了 80%的篇幅在写自己的事——“我是谁、我在干什么、我的历程、做事的每个细节”……对方正在高效地处理大量和自己密切相关的邮件，你的这封邮件是给他的一个小插曲吗。

所以，你的第一句话应该直入主题地告诉对方，这封邮件的目的是什么。然后，如果你希望增加对方回复的概率，那么接下来你说的每一句话都应该尽量和对方的利益或兴趣扯上关系。你可以花 500 个字来形容你自己有多牛，但从吸引力上来讲，这比不上你花 50 个字来阐述清楚你的这事儿和对方有什么关系。

**原则三，让他可以很容易地回复并帮助你。**

这一条只有 1%的人在做。举个例子吧，你在听完一场创业讲座后，和人脉颇广的演讲嘉宾在台下交流了 10 分钟。他觉得你的项目不错，答应可以将你的团队信息介绍给天使投资人A、投资机构B和供应商合作方C，让你回去后将详细资料发到他的邮箱。然后你开开心心地回去，并将你的项目简介发给他，内容大意是说："很高兴今天和你……。我们的项目是……，如何好……，已经获得了……。附件中是详细的项目资料。谢谢您的帮助！今后咱们……。"

后来就石沉大海了。然后你就开始想："×××看上去亲近平和，其实也不过如此"。

如果你这样想的话，请你站在这位可怜的演讲嘉宾的角度想一想——

他在当天清理邮件的过程中，看到你的这封邮件以后，需要：(1)先思考他当时究竟答应把你介绍给哪些人，关联点究竟是什么；(2)找到这3个联系人的邮箱；(3)分别写3封独立的邮件来介绍你的这个项目和他们的关系。这至少需要半个小时的时间。在发邮件的时候说"我知道您是个大忙人"，其实只是停留在了一种被动恳求的口吻上，跟伸手要钱其实是同一个道理。很多人其实都是愿意帮助他人的，但前提是你必须要努力地让对方可以更容易地帮助到你。所以你可以怎么做呢？你回去以后，应该发4封邮件：

第一封："很高兴今天和你……。我们的项目是X，您提到了可以我们的项目可能会让天使投资人A、投资机构B和供应商合作方C感兴趣。接下来我会发3封独立的邮件给您，分别是写给A、B、C的。这3封邮件都是可以被直接转发的格式。谢谢您的帮助！"

第二、第三、第四封在内容和措辞上分别是写给A、B、C，简洁阐述你的项目和他们的关系，并且保证格式完整，让你的联系人可以直接转发。

大而全的长邮件大家都会写，也很容易写，所以也不追求什么回复率——很多人只是图个不吐不快（我个人觉得真这样就别发了，自己宣泄一下就好）。写短邮件则需要更多努力。而写一封能够设身处地为对方思考的简短邮件，则更需要时刻保持这种意识。

吴思扬

纯工作性质电子邮件的书写可以粗略从两个部分来讲解：思路和修辞。

思路部分，有一些通用的原则可以作为书写的指导。

### “战地记者”原则

设想自己是一名战地记者，在子弹纷飞的战场报道当前的战况，在每说一句话都有可能换枪子儿的时候，废话、套话、官话、空话一概省略，直入主题是最合适的。比如作为一个系统部署人员，要向一个主管技术的大领导汇报客户现场的一个重大问题，可以用这样的思路写：

A系统B模块目前无法运行，部署日志见附件1，报错信息见附件2，客户端环境见附件3。客户要求24小时内解决，否则将延迟上线。

一句话将所有的重点信息浓缩起来，冗长的相关技术信息用附件传递，可以保证对方在看到邮件后马上理解事情的起因经过以及可能的结果，这种情况下如果顾虑太多，仍然用“尊敬的领导”一类的套话起头和修辞的话，可能会导致对方遗漏重要信息。保证对方第一眼就能看到邮件的目的。

### “金字塔”原理

想象一下金字塔的典型构造。我认为所有电子邮件（甚至包括其他实用文章）都应该遵循这个原则：中心明确，分层叙事，逐层铺开。关于金字塔原理的书籍，有一本同名的《金字塔原理》可以拿来深入学习一下，这里只讲述一下我理解的具体概括法。

**先用战地记者原理过滤一下自己想表达的内容。**

找到少数的几个重点，然后再逐一筛减直至找到唯一的一个中心，先将这个“点”暂时列为自己所有表述的最终目的。

还是拿刚才的例子来解释，客户现场的重大问题，我需要汇报很多事情以帮助领导进行判断，比如日志、报错信息、环境等等，但实际上，这些东西都只是为了解决“系统部署失败”这个问题，再仔细分析，解决“系统部署失败”后可以避免“系统延迟上线”，并且可以避免项目的失败、客户的不信任，最终将所有问题都汇聚到一点——“维持客户的信任”。

**分析邮件接受者对于这个中心点的理解程度。**

如果不言而喻，则降级到下一中心点；如果可能不甚理解，则保持这个中心点，围绕它展开描述。

对方是主管技术的大领导，对于“维持客户的信任”这一点自然会有足够的认识，因此降级，选择“项目失败”，同样可达成足够的共识，再降级到“项目延迟上线”，在这一点上，大领导可能不会比现场人员有更清醒的认识，因为山高皇帝远，他能看到的实况有限，而自己的任务就是将这一实况以足够明显而准确的方式汇报给对方，让他有足够的资源进行判断和调整。所以选定“项目延迟上线”这一点作为中心。

**描述中心点最直接相关的一层信息。**

与“项目延迟上线”最直接相关的是“部署失败”，但部署失败只是个结果而不是过程，所以还需要继续描述为什么部署失败。通常做一件事有这几个方面的信息：“我有什么资源可做、怎么做的、出现了什么结果”，这三个方面就是“部署失败”的直接相关的信息。

**继续描述“直接信息”的“直接信息”。**

这里将进入一个循环，将自己认为需要说明的情况用逐层铺开的方式附加到中心信息上，丰富中心信息的支撑体系。在电子邮件中需要根据实际情况采用不同的方式进行附加内容，例如图片、图表、附件文档等。

日志、操作记录等信息虽然有价值，但因为信息过长、对中心点没有直接帮助。必须以一种不干扰阅读的方式出现，添加附件是比较好的选择，这可以保证对方在需要获取的时候不受干扰、在不需要获取的时候直接避开。通常参考这两项原则，经过不断地书写练习和概括，就能保证自己的电子邮件思路得体。

修辞部分，每个人都有自己的文字风格，但在工作性质的电子邮件中，需要适当淡化自己的书写习惯。

### 标点

这部分是最容易被忽视的，不少工作多年的老同事在书写电子邮件时要么不加标点符号，要么乱加标点符号。比如每句话都用问号结尾、到处乱跑的感叹号、翻译腔的破折号等。我自己有一条电子邮件标点的心理底线，就是“可以不规范，但一定要有规律”。

比如有时因为输入法等问题没办法使用标准的中文句号，我索性就直接用英文句号甚至减号，但一定会有规律地使用，比如所有减号都是句号的意思，避免对方看不明白符号的意义，另外日常聊天时我习惯以三个句号结尾，但在电子邮件中尽量避免这些个人习惯，就算不能规范地使用标点，但至少不要成为潜在的阅读障碍。

## 字体

### 默认字体

如果公司有这方面的规范，请严格执行；如果没有规范，就保持默认字体，因为在不知道对方视力、阅读场合、阅读仪器的时候，默认字体是最安全的选择。

### 粗体

仅限于刻意强调的文字，一般情况下在一段话内只出现一个粗体词组时，强调效果是最好的，而出现了三四个甚至更多的粗体时，效果反而会降低，“都强调等于没强调”，所以，找到自己最需要的那个点，然后再考虑是否值得加粗。

### 斜体

无论如何都要谨慎对待“斜体”，尽量避免使用，目前Windows平台的斜体是被滥用的。

## 颜色

### 安全色：红色、绿色

除了红色（代表强调或者危险）和绿色（代表通过和安全）可以适度使用外，其他颜色尽量避免使用。

### 使用多种颜色时，给出标注

如果一定要用多种颜色，必须在显眼的地方给出颜色的标注，否则邮件几经转手后，阅读者会不理解颜色的意义而错失、误解信息。

## 对齐

**• 段首对齐**

我见过不少同事在写一个新段落的时候前面加了两个空格，甚至一些程序员会加四个空格（因为一个英文空格是 1/4 个汉字长度），但是在电子邮件中，段落开始时应该避免加空格，这属于“Web时代新文字排版问题”，这里不再讨论。

**段末对齐**

不要用回车控制一段文字的换行，因为在自己的客户端设置下看起来美观的回车换行，到了别人的设备上将可能成为一种视觉灾难。

## 换行与行间距

**手动空行**

在表述完一个完整段落后，尽量手动空一行，因为在不同的阅读设备中，没有这个空行的话会导致密密麻麻的文字墙，这种视觉压力会直接影响阅读者的理解能力，留白能让人在阅读的时候有喘息的机会和理解的间隙。

**适当的间距**

行间距可以用默认间距或 1.5 倍以内的间距，取决于篇幅长短，更大的间距会让阅读者的视线跳跃过多而引发视觉疲劳。

## 文字描述手法

概括一下我所推荐的电子邮件写作手法：“选择朴实准确的形容词和副词，多用具备一定意义的短句，避免复杂术语的堆砌。”

**选择朴实准确的形容词和副词**

这里主要针对偏爱小说式电子邮件的写作方式，比如需要用“美观”代替“美轮美奂”等，工作电子邮件不是散文，需要确保务实。

**多用具备一定意义的短句**

将长句拆解为短句，可以让阅读者更容易理解，比如：

本次项目延期上线是因为在客户现场出现了一个由于安装A程序失败导致了冗余的TMP文件丢失所引发的故障。

可以拆解为：

项目延期上线，因为在现场出现了安装故障，该故障由A程序安装失败所引发，具体原因为冗余TMP文件丢失。

**避免复杂术语的堆砌**

这一条在技术同事看来，可能会持不同意见，因为在大部分RD（研发工程师）相互沟通的时候，术语是相当于世界语的。

不过大部分RD线以外的同事并不理解RD之间说的“我打算继承你写的A方法”或者“给我个接口”，所以在同事间互相发电子邮件的时候，需要确保自己写的东西对方能看懂，例如下面这种替换（阅读者是财务同事）。

“你打开浏览器，输入1234，然后看系统控制台，把里面的systemp参数copy给我。”

可以替换成：

“你打开IE，或者360浏览器，在地址栏（上面那个有http:\\字样的）里输入1234，然后看到打开的页面，左边有一个菜单，靠中间的位置有一个功能叫‘系统控制台’，点开它，会弹出来一个窗口，最上面有一排英文，把名字是systemp那项后面框内的东西复制后发给我。”

乍看之下说了不少废话，但这种方式的电子邮件却是最能保证效力的，因为同事间对于信息的理解不同，而信息不对等是造成沟通不畅最主要的障碍。说白了就是“你说的我不理解，我说的你不理解，双方都要往复沟通几次才能理解对方的意思”。

### 标题

电子邮件标题也是经常被忽视的一点，但这一点至关重要，可以说保证了自己和对方在今后查找相关信息时的准确性。恰当的标题一般是最全面的概括、最开始的引子、最点睛的描述。

**最全面的概括**

《有关××项目在××客户现场的部署故障及现场情况说明》

**最开始的引子**

《××市××客户现场部署故障》说明

**最点睛的描述**

《××客户现场部署故障将可能导致延期上线》

这些都是可行的例子，根据实际情况进行权衡。

## 其他

其他电子邮件的写作内容还包括签名档、邮件重要度、邮件格式、阅读者的环境预估等。

**签名档**

签名档主要用于让对方获取自己的其他联系方式，公司有统一要求的，需要严格执行，如果没有统一要求的，需要设置一个固定的格式，包括个人姓名/英文名、公司正式注册名称、部门/项目组、手机、座机、MSN等必要信息。

**重要度**

除非是极其重要的事，否则千万不要使用重要度这个设置，以免重写“狼来了”的故事:《狼来了之现代电子邮件版》。

**邮件格式**

通常设置为HTML格式，如果有特殊要求也可以考虑TXT格式的纯文本，但后者将没有视觉格式可言，一般不推荐。

**阅读者的环境预估**

这部分其实有一点投机，也可以看作是“电子邮件沟通中的用户体验”。例如对方经常使用12寸小笔记本电脑，就尽量把表格设置得紧凑一些；对方如果是出差在酒店里，发邮件时就尽量避免发送大附件，而使用其他方式发送等。

## 拯救英文邮件的神句

✕

祆七

用在句首的：

关于之前讨论的问题

Pertain to ...(issue)

As communicated earlier...

回复晚了

Sorry for the delayed response...

很久没联系

Hope everything is well with you.

I hope this email finds you doing well.

句中：

请求对方做某件事

Please arrange...accordingly so we can proceed with... / move forward

Please follow up with...

更委婉的请求

If possible could you please...

I will have to bother you on...

和对方确认某件事

Could you please clarify... / give a clarification on...

Kindly please confirm on our proposed...(schedule / plan)

询问事情的进展

Do you have any updates on...

Have you got any response from...

通知对方某件事

Please be informed that...

Please kindly note that...

征询对方意见

Please advise.

Please let me know your thought on this.

Please give your comments if any.

会议邀请

You are all invited to attend the meeting on...

Please check your calendar and let me know your preference / if there is any conflict.

结束：

...is attached here for your reference.

Thanks for your kind support.

Please let me know if you have any further questions.

Your prompt response on this will be highly appreciated.

**连接词的使用**

快抛弃 BTW（By the Way，意为顺便说一句）吧，在一个邮件里说起另外一件事情，你可以用 in addition to / additionally/ furthermore

**多使用被动语态**

邮件或者正式的文件中，被动语态会显得更专业。比如需要某样东西，把 I need××× 改成 ××× is required. 是不是看上去专业多了？

还有一个例子可以省掉主语，把句子结构改成 It is + 动词，比如 It is proposed that / It is confirmed that...

**多注意 native speaker 的用词，注意用他们常用的同义词替换你常用的词**

比如 because of 可以用 due to 替代；比如请别人核实问题的时候不要只会用 check, clarify / verify /cross verify 都非常好用；比如表示在某件事之前除了 before, 你还可以用 prior to; 表示在某件事之后除了用 after, 还可以用 upon（当然用法有一些区别，举例：Let's talk about this after you come back 改成 Let's talk about this upon your return。）

类似的同义词，如果在运用的时候不确定用法是否有区别，随时查字典即可。

**两个投诉句式**

There were some small issues which we probably need your attention to look upon.

Due to the discrepancies in xxx issue we need your attention to resolve the problem.

## 高效管理你的电子邮件

李东旭

### 设置电子邮箱

对电子邮件进行有效的管理，依赖于职场人培养起的良好的处理邮件的习惯。习惯养成非一日之功。在培养习惯的同时，我们可以通过对电子邮箱进行有效的设置，在短期内提高管理电子邮件的效率。下面这些简单的设置，能很快地让你的邮箱化繁为简。

**设置一：抛弃复杂的分类文件夹，只设立一个“已处理邮件”文件夹，将所有需要留存的邮件放入其中。**

给东西贴标签是人的本能，对待电子邮件也是如此。因此常常看到有人在电子邮箱中设置复杂的文件夹来保存不同类别的邮件：销售数据、预算决算、客户信息、重要参数、会议备忘、媒体资料、待办任务等不胜枚举。这种为每一封邮件分门别类的做法看似有条不紊，但实际上却会导致邮箱管理的效率低下。

只设立一个单独的“已处理邮件”文件夹，把需要留存的邮件一股脑地放进去，想都不用想怎么分类，日后需要查调时，只需使用邮件的搜索功能，轻轻松松地把邮件找到。

**设置二：创立常用的“邮件规则”，让电子邮箱成为你的私人秘书。**

“邮件规则”是大多数电子邮箱都会提供的功能。它指挥邮箱根据每一封新接收到的邮件进行一系列的条件判断，然后根据判断的结果，对邮件做出预设的动作。以最常见的Outlook为例，条件判断就包括：

- 发件人/收件人是谁；
- 邮件主题或正文包含哪些关键字；
- 邮件是否包含“重要”“行动”或“保密”等标记；
- 邮件是否包含会议邀请；
- 是否是主要收件人，或是被抄送对象。

而预设的动作则包括：

- 将邮件移入某一文件夹；
- 对邮件进行“跟进”“重要”等一系列标注；
- 删除、转发或打印；
- 标记已读；

• 桌面提示；

• 使用特定的信息或模板进行回复等。

这些条件判断和预设动作可以任意组合，达到你想要的效果。

**设置三：创建邮件模板**

模板是提高办公效率、避免重复劳动的极好方式。对管理邮箱来说也不例外。根据工作中经常会遇到的情况总结出几个常用的模板，无疑会为你节省下许多时间。如果你已经工作了一段时间，可以现在就到自己的已发送邮件文件夹中翻看过去几周发出的邮件，从中找出那些结构类似、可以重复利用的内容，建立你的邮件素材库。此外，邮箱中还有一个容易被人忽视的功能，稍稍改变一下思路，就能够成为管理这些模板的得力工具。这个功能就是签名档。

签名档，顾名思义是用来在邮件末尾快速嵌入你的签名信息的模块。这些信息通常包括姓名、职位、电话、传真、邮箱地址等。通常大家的签名档中只会保存一两个不同的版本。比如我常用的签名档只有两个：公司内部使用的较短，只保留姓名、部门等基本信息，而对外使用的则包含更多联系方式。但其实，这样的用法并没有最大限度地发挥签名档的功能。如果你设置过自己的签名档就会发现，虽然是专门为储存签名设置的功能，但实际上签名档并没有字数或格式的限制。你看到的签名设置页面基本上就是一个文字编辑器。因此，我们可以利用签名档的这个功能，储存你的各种邮件模板。由于签名档是邮箱功能的一部分，使用它可以避免打开其他程序所花费的时间，同时也让你省下不少需要记忆模板位置的脑力。

### 电子邮箱使用习惯

对邮箱进行以上的设置可以在短期内提高你处理邮件的效率，但是它们能做到的十分有限，仅仅是对邮件进行一些初始的处理。而真正在长期工作中起决定作用的，是你使用电子邮箱的习惯。养成良好的使用习惯，可以让你始终凌驾于电子邮件之上，让它为你工作，而非整天疲于应对。

下面这些，就是能为你提高效率的好习惯。

**习惯一：对每封邮件做到当天处理，保持收件箱处于清空状态**

罗马非一日建成，而邮箱里那成百上千封的未读邮件也不是在一夜之间积攒起来的。像生活中的很多事情一样，如果总是想着“等到有时间的时候再来处理吧”，那些没有被读过的邮件，就会永远在你的邮箱里驻扎下来，越积越多。

因此，你要尽力达到的状态，就是在结束一天的工作时，收件箱里空空如也，当天的所有邮件都被妥当处理。这不是一个容易做到的习惯，但却会给你带来极大的收获。

下面讲的几个习惯都是围绕如何才能做到邮箱的“日清日

毕”来展开的。

当然，这样并不是要你一天到晚盯着邮箱，对新邮件一跃而上。如果这样的话，岂不是本末倒置，把处理邮件当成了本职工作？有人提倡一天当中只打开邮箱一两次，集中处理邮件，把剩下的时间全部投入工作中。这是一个好主意，可以帮助职场人保持对重要工作的注意力，避免分心。当然，这样的做法也有负面作用，比如可能会让你错过采取行动的最佳时机。

折中的办法是将“即时回复”和“定时回复”功能结合起来使用，对于重要联系人发来的邮件，或者可能含有重要信息的邮件，迅速采取必要的行动。而对其余的邮件，则安排固定的时间集中处理。常用的Outlook平台具备的相应功能来帮助我们实现这种安排。

首先，你需要在选项中将邮件送达的桌面提醒关闭。这样你就不会在每次收到新邮件时都被打扰，因此可以集中注意力在要紧的工作上。

其次，通过上面提到的邮件规则的设置，为重要联系人发来的邮件或者含有诸如“紧急”“立刻”等字眼的邮件打开桌面提醒，以便自己在第一时间得到重要邮件的提示并有所行动。

最后，你要为自己规定处理其他邮件的时间。频率和时间可以根据自己的工作内容决定。

但是建议不要把处理邮件作为每天早上做的第一件事情。因为通常早上的时间，特别是一开始工作的时间，你的精力最旺盛，适合用来处理最为棘手、最富挑战性的重要工作。电子邮件容易转移你的注意力，使你无法全身心地投入工作。因此，要避免让检查邮件成为你早上的第一件工作。

**习惯二：每封邮件只读一次**

不少人处理邮件的方式是这样的：一封邮件读过后，头脑中想想需要采取什么行动，大概有了答案后，便感觉到问题已经解决，心里给这封邮件打上个大大的钩，认为这就算处理完一封邮件了，于是接着去看下一封，重复上面的动作。这样做的人心理上基本是一个想法，那就是打算把所有新邮件都读过一遍后，再一并采取行动。打开邮件对他们来说有点像拆礼物，每一次邮件从未读变成已读的过程都能给他们带来小小的满足感。

但是马上采取行动就意味着拆开下一个礼物的间隔要变长，因此干脆一股脑将所有的邮件看个遍，先满足了再说。

但实际情况往往是，还没等到把所有邮件都读完，就有别的事情冒出来，注意力于是转移到其他事情上。等回过头再来继续处理邮件时，才发现方才读过、在心中略有答案的已读邮件，虽然大体上仍有印象，但是对于具体内容却不那么确定。因此，只能回去再花时间认认真真地重读一遍，以做进一步考虑。这样反反复复，时间就在不知不觉中浪费掉了。

要解决这个问题，只有拿出一步一个脚印的态度：严格要求自己邮件只读一遍，读完后马上采取相应的行动，并把邮件请出收件箱。只有这样做，你才能把浪费的时间找回来，才有可能对每封邮件做到当天处理。下面的习惯能够帮助你坚持这种只读一次的要求。

**习惯三：对每一封邮件执行 4D 处理**

4D是指四个英文单词所代表的动作，它们是：行动（Do），转发（Delegate），搁置（Defer），删除（Delete）。这四个词涵盖了对任何一封邮件可能执行的动作。这是由美国出版家Michael Hyatt首先提出来的有效方法。

• 行动

如果在阅读后你发现邮件中含有需要由你来完成、并且可以在很短的时间完成的任务，那么你就要立刻有所行动。比如邮件询问一个简单的业务问题而你刚好手头有现成的资料，或者邮件请你安排出下周面试毕业生的时间。回复一个答案，在日历中创建一个新的会议，这些都可以在几分钟内完成。这种情况下你没有理由做任何拖延。在这一点上，GTD工作法的创始人大卫·艾伦（David Allen）提出过一个著名的“2 分钟法则”，即任何在 2 分钟内可以完成的事情，都应该立刻着手去做。这是因为对 2 分钟的事情所做的任何判断、归纳、计划所花的时间都会大于完成它所花的时间，因此除了立刻去做，没有更为有效的方式。大卫甚至自豪地宣布自己为了对 2 分钟有更准确的概念，曾经一度秒表不离身，准确地记录下那些小事情所花的时间。

我们显然没有必要做到那么极端，1 分 59 秒的事情就立刻动手，2 分 1 秒的事情就束之高阁。但是大卫的道理是说得通的，值得我们在处理电子邮件时借鉴。

• 转发

如果你发现邮件中提到的工作可以转交给更适合的人，或者可以以更低成本完成的人，则要尽量将任务布置下去。比如审计中经常会遇到核对数字的工作。对于这件事情，一个注册会计师并不一定会比一个实习生做得更好，但注册会计师的时间成本却往往是实习生的数倍。

这样的工作，就需要合理地转交给初级别的员工来完成。以解放出高级别员工的时间来做只能由他们完成的任务。

这种情况下，你也要立刻行动，在原邮件中加入对任务的说明、要求等，同时附上执行任务的人会需要用到的各种信息，告知其寻求帮助的方式，然后转发给适合这项工作的人。在转发的同时，也要记得通过抄送或单独发邮件通知原发件人，这件事情已经被转交给他人处理。

对“行动”和“转发”两类邮件处理后，可以把需要备案的原始邮件存入“已处理邮件”文件夹，剩余的则可以删除。

• 搁置

当邮件中提到的工作必须由你来做，但显然无法在短时间内完成的情况下，把它们暂时搁置起来，放入一个叫作“搁置”的单独文件夹，是使收件箱保持清空的好办法。

有人会有这样的疑问，这样搁置起来，岂不是跟在留在收件箱里一回事？这样的疑问不无道理。如果你把“搁置”文件夹当作收件箱的替代品，无论什么样的任务都不分青红皂白地往里装，那显然这样的文件夹与一个邮件堆积如山的收件箱并无区别。但如果在将这样的邮件放入“搁置”文件夹前你做了以下几个步骤，两者的效果则明显不同：

首先，你要严格控制放入此文件夹的邮件数量。这就要求你忠实地判断邮件确实不属于可以马上“行动”或进行“转发”的范畴。这一点对于避免“搁置”文件夹成为影子收件箱尤为关键。

其次，你要大致估算完成工作所需要的时间。如果任务对时间的要求超出了你能拿出的时间，就要考虑告知发件人以寻求解决办法。

最后，你要在转移邮件前，在代办事项列表中记录这项工作。这样做的目的，一方面是避免邮件一旦落入“搁置”的范畴就石沉大海，另一方面，也是通过这样的记录，判断工作的重要性和紧迫性，分清主次，以便安排随后的处理顺序。

这些步骤完成后，邮件便可以顺利移驾到单独的“搁置”文件夹了。

关于分清邮件的主次，我们还有另外一个办法。可以创建另外一个单独的“抄送”文件夹，然后创建邮件规则，规定所有被抄送对象收到的邮件，都被自动放入这个文件夹。我们稍候会提到，习惯上，邮件的抄送一栏中的联系人并不是邮件的主要沟通对象。因此，加入你的名字出现在抄送一栏中，你可以比较肯定地说这封邮件对你来说重要性不高，因此，利用邮件规则自动把这类邮件单独存放起来，等完成更为重要的工作后再回过头来处理它们。这样可以帮助你更好地管理自己每日的工作流程。

• 删除

前面提到的对于“行动”和“转发”两类邮件处理后的删除自不必多说。还有一类情况是邮件只是通知性质的，并不需要你的进一步行动。这种情况下，当你把确定以后会用到的邮件转入“已处理邮件”文件夹后，剩余的邮件要果断地删除。

在这里要强调“果断”地删除，是因为有些人对于删除邮件存在难以言说的心理障碍。这并不是在说笑，在行为学上，不停地囤积物品、无法丢弃任何东西的行为，是强迫性神经官能症（也就是我们通常所说的“强迫症”）的症状之一。这种行为源自于人类和其他动物收集并贮存食物以应对恶劣环境和灾难的本能。但是在极端的情况下，这种本能就会演变成一种心理疾病。英文中有一个专门的词来描述这种行为，叫做hoarding，可以翻译成“囤积症”。表现在生活中，就是觉得任何东西今后都可能会用到，因此舍不得丢弃。最终把家里塞得满满当当，连下脚的地方都没有。在情景剧《破产姐妹》中，主人公就曾经给一个囤积症患者打扫过房间。当然，大多数人不会到这个地步，但应该或多或少都在自己或身边人的身上见到过这样的行为。而在工作中，我们也有可能变成电子邮件的“囤积症”患者。要克服这样的倾向，需要认识到这样几个事实：

• 任何现在需要的邮件，都被你保存在了“已处理邮件”文件夹中；

• 任何虽然现在不需要但是你感觉今后会用到的邮件，最终都不会被用到；

• 如果日后发现需要用到的邮件已经被删除了，你的同事中永远会有一个人把它好好地保存着；

• 如果没有人保存这封邮件，那这封邮件根本就不重要。

所以，除非你现在就能知道这封邮件为什么会被需要，否则请“果断”地把它丢进垃圾桶。

本文摘自《你是一桩独一无二的生意》，李东旭著。

## 7 条必须了解的文档常识

猫助

工作文档的知识献给职场新人：

1. 给他人发邮件的PPT最好把每页的组合都存成固定图片格式，或者存为PDF，不然会因为接受者终端不同而导致每页的排版和字体也发生变化，达不到自己想要的效果，也可以避免遭他人轻易挪用、修改你的文档。

2. 所有办公类文档的命名要写明日期，更新版本要改日期并另存，这样你随时可以找到某段时间内各版本的文档，并清楚地辨别新旧版本。

3. 所有办公类文档不但要加以命名，编辑界面也需要写上完整的名字和日期。因为你的文档随时会被打印，这样可以让大家迅速了解面前的这张纸是什么，是哪一天的版本。

4. Excel表要自己另起一列写序号，而不要用它自带的行数序号，这个同理，方便打印，开会时让所有人迅速找到在哪一行。

5. Excel重要的是逻辑，善用冻结窗格，方便所有观看的人。

6. 长篇文档一定要写页码，这样打印出来装订的才不会乱。

7. 文档内的品牌Logo不要描边、变形、任意填充其他颜色。

以上虽然看起来很常识，但坚持做会对职场新人很有用处。

## 高质量的会议记录

×

李石

### 5 个部分

**会议议题：**出现了什么问题。

**信息分享：**问题的现状和资源情况。

**方案讨论：**问题的解决提案以及意见。

**形成决议：**做出方案决策。

**执行分工：**确认分工和执行负责人。

### 4 个原则

**匹配原则：**会议记录是会议管理的一部分，会议记录要与会议目的、会议流程相匹配。

**目的原则：**明确为什么要做会议记录，是用来复盘回顾，分析责任，还是用来确认目标，计划分工。

**负责原则：**根据会议目标，应由哪个岗位的人承担记录的工作，并依据标准为会议记录的质量负责。

**一致原则：**参会人员对于会议目标、会议流程、会议记录的目的和意义，以及参会人的责任等达成一致，取得共识。

开会是管理者最重要的管理工具之一，而会议记录就是主持会议管理者的考试答卷。

记录者本身受限于职位，倒是不用背负太多的责任和压力。

管理崇尚务实和进取，管理者永远是依据具体情境在管理风险和管理成本之间进行平衡取舍，不审势即宽严皆误。

## 怎样写一周工作总结

霸爷

刚毕业时在外企，没有写周报的要求或习惯。现在跳槽到一家民企，领导要求每周交一篇周报。初时觉得非常麻烦，有种被查岗的不自在感，但等意识到周报的真正意义之后，我甚至会非常积极认真地写。

你要知道，周报不是写给领导看的，而是写给自己看的。周报不是应付领导交个差或是显摆自己做了什么，而是对你自身工作的回顾、总结，这是一个思考反省的过程，它帮助你更系统、更形象地认识到还有哪些地方可以提升。

我现在每周的工作内容主要是对各个客户及渠道的拜访与谈判，我会完整地记录拜访时间、客户名称、被拜访者、拜访内容、心得体会等，对于重大事项单独拿出来一事一议。好记性不如烂笔头，拜访次数多了以后你总有记不清的时候，某天的奇思妙想总有被遗漏的风险，所以我现在会每晚做一次梳理和总结。吾日三省吾身，不仅有助于克服记忆的遗忘，还会有很多意外的收获。

无论是Word还是Excel，都做成一个比较统一的模板，这样有助于日后查询。

有的人说不知道怎样去表述一些零碎的东西，这恰恰证明了写周报的必要性。周报不是流水账，我们要懂得提炼主要内容，甚至可以说，没有你自己的想法或者观点就等于你白做了这件事。

我不清楚技术销售大约要做哪些事情，随便打个比方，你向一个客户推销一种技术方案，他有些犹豫不决，他跟你提了一二三点要求，你以ABC回答，最后交易未成功。写周报不需要把这些过程写进去，但你要有自己的思考：为什么客户犹豫不决？是不是自己的推销方式不到位？还是基于客户需求的方案不到位？他为什么会提一二三？客户的关切点、痛点可能是什么？交易不成功是因为缺少哪一点？你能否想办法补上它？还是需要公司内部额外的支持？

你把工作当作做实验，不断实验各种方法以期得到最好的结果，周报就好像实验记录，有历史数据可考、有记录文本可查，你才能不断剔除错误的思路，找到通往真理的道路。

主动做周报向老板汇报自己的工作进展、心得体会，也会让老板认可你的专业性。

这是一个良好的职业习惯，刚毕业就能认知到是你的幸运，坚持下去！

## 整理自己的资料库

×

Raymond Wang

对我职业生涯帮助比较大的一个习惯可能是“勤于整理资料”。每天不管工作有多忙，都会留出一些时间搜集资料并分类整理，既包括最新的法律条文，也包括媒体报道的案例，主管官员讲话，公布的判决书、招股书，法官律师专家的分析，行业八卦，图书摘录，音频视频。我从大四实习时开始做这件事，工作日基本上都能坚持做这件事。由于资料收集得比较齐全，更新及时，使我做研究的速度比同事要快很多，也更准确，相当于用半成品炒菜和现买现洗现做的区别。如果碰到一些客户催得特别急或特别乱的事，老板往往会想起我来，哪怕我以前从来没涉足这个领域。

这种资料整理的做法还有一个好处，使我对法律和政策变化的脉络比较熟悉（有时看到“新闻”就专门搜集相关“旧闻”），碰到一些跨越多年的复杂交易，不至于把自己搞晕。

俗话说“好记性不如烂笔头子”，我自己则总结“好笔头子不如烂电脑”。

在初期分类比较粗略，大类就是“财经”和“法律”，然后是类似“商法”“民法”“行政法”这样的类别，下面是“合同”“侵权”这样的子目录，和学科的基本逻辑一致。随着工作经验的增加，一些关键词在文件名中频繁出现，比如VIE，那么就专门建一个子目录。不用特别追求逻辑层次上的严密，关键是自己要能快速找到。

收集的资料绝大部分都是TXT文本，我在存档前经过“脱水”处理，只保留我认为有价值的内容，但一定会保留时间和作者，便于需要时引用。

我在文件命名上花了很多时间和精力。首先是对原文的标题进行修改，尽量统一使用专业术语，比如把“假外资”全改成“返程投资”；如果一份文件涉及两方面内容，比如“外商投资”和“并购”，那么我会在两个文件夹中分别存储，但命名可能不同；如果文件出自某位我特别信任的专家或机构之手，我会特别注明作者，比如“陈永坚赎回条款的玄机 200804”；如果文件的内容非常重要，但存在一些硬伤，我也会注明“( 存疑 )”，当找到更好的信息来源时会替换掉。

如果在读书时发现有用的内容，我会写一个很短的TXT文本，比如：外管局75号文的适用范围，内容是参见××书××页。特别重要的内容，就扫描下来。

在线的音频和视频，我一般会用地址探测软件找到实际地址，下载到本地，因为一两年后很多链接都失效了。如果音频视频时间比较长，会在文件名中注明“( 重点内容从××分钟处开始 )”。

有人问“时间维度如何纳入？”我个人基本上是按照内容分类，不考虑时间维度，因为它对资料的可靠性影响不大。但会在每一个文件名中注明时间，以便于检索。

关于资料的收集和保存，推荐App“Pocket”和“印象笔记”( 均为跨平台软件，可以在手机、iPad、PC上同步 )，保存后要及时写上标签。

### MJ勺子

好的职业习惯是一种惯性，一步一步、一点一滴地锻造一个人的知识和方法。习惯，不需要强迫症，也不需要功利心，它是你生活的一部分。下面将我自己的一些工作习惯分享给大家。

多收集工作中的细节，尤其是别人分享的和你看到的。

生活中，我不懂卡车，但会听到有丰富运作经验的朋友讲一台××型的重型卡车，满负荷运转，一年要换12~18条轮胎；有人会告诉你，他用什么办法把运输中的风险转嫁给运输司机……随身携带的小本和笔、Gmail、Evernote，都可用来记录。点滴积累，假以时日，会成为系统化的知识。

## 整理知识和文档

在没有云笔记之前，我的资料和笔记都存在电脑里，文件夹分门别类，我会经常整理，每个文档都包含三要素：主题、时间、人名。三要素都要具备，在某个日期，某人，拜访了某个客户。只要文档标题中体现了关键要素，在电脑中进行全局搜索时，会出奇地精准。

工作中，我要求同事，按照一致的标准建立文件夹、撰写文档标题。如果别人打开你的电脑、邮箱，能直观、快捷地找到他想要的东西，而不用搜索关键词，就很方便。

到了云笔记的时代，传统的文档整理方法依然有效，但云笔记的架构会减少资料存档的层级。每一条笔记都可以设置多个关键词，便于整理和检索，减少笔记和笔记本的层级。

## 与外界的交流

在某些前提下，不建议频繁参加同行业的聚会和会议。原因很简单：保持头脑清醒。你是业内人，但是一定要保持一个置身“界外”的心态和状态。反过来，跨行业、跨领域的小范围交流，值得多参加一些。遇到不同的人，接触不同的思考方式，分享对彼此领域的兴趣和观感。

扎实的专业经验容易使人陷入误区，和一堆自以为拥有扎实经验的人在一起交流，这种思维误区会无形放大。只有和不同领域的人在一起，不区分菜鸟级、专业级，一个人才更容易发现自己不是十分正确。

## 建立驳杂的知识体系，再做“拼图”

查理·芒格认为在知识上要触类旁通，用广泛的、跨领域的知识，帮助你做自己最擅长的事情。经过实践，我极为赞同，组织行为和心理学方面的知识，有助于我们把握个体和群体的行为模式，做出有助益的预判；历史和人类学领域的知识，有助于我们理解人在特定语境中的行为，尤其是那些异常行为；基础的财务知识，有助于我们在参与经营分析会议时，更好地理解财务报告，提升与财务人士的沟通效率；拥有文艺百科类的驳杂知识，能提升人际交流的趣味性，对个人而言，拥有见识和趣味，总是互为增益的。

主流的知识需要积累，非专业知识或许值得关注，如果精力充足的话。请善于运用微博、微信、BBS等渠道，搜集消息、八卦，由一线人员分享的数据和事实，然后自己进行筛选，去伪存真，碎片也可以拼出事物的全貌。我称之为“炼金术”，也可弥补不参加业内活动的损失。

知识积累到一定程度，重要的一步是“脱水”。每月留出一两天时间，闭门、将手机调成静音模式。对近期收集的资料进行再次阅读，将雷同的内容进行合并，删除多余的段落，多次精简，留下具体的数据、经验之谈和案例。

拥有驳杂的知识是不够的，需要一个人静思或做思维导图，或与他人进行头脑风暴，将各种碎片“拼接”起来。“拼图”的结果，令人惊叹，日复一日，人的思维和直觉，会越来越丰腴。

## 为你加分的小细节

×

于洁茹

### 礼仪方面

- 接听电话时，把“喂”字去掉，直接说“你好”。
- 同事来工位谈事情，请站起来跟对方说话。
- 开会时，如果没有专人负责倒水，你的举手之劳是加分项。

关键词：尊重对方。

### 工作方面

• 发邮件时，修改附件名称使之与内容相符，常见于扫描件。

• 交接工作时，务必分类标明项目时间和进度。

• 沟通情况时，让别人做选择题而非问答题。

关键词：方便他人。

### 其他方面

• 保持办公桌和电脑文件夹整洁有序。

• 请坚持写每日总结。

• 善用便笺纸，今日事今日毕。

关键词：个人高效。

窃以为，最大的减分项当属：抱怨。无论对人对事，都百害无一利。

第 6 章

# 沟通力是职场第一生产力

## 如何快速融入团队

×

一杯清茶

### 心态

请先忽视掉过往的工作、实习或其他渠道得到的经验，把自己当一个纯职场新人来融入团队。

### 职业素养

即便是新人，也要对职业素养有所了解，或者摸索出企业的职业素养和准则。学会和不同性格、风格的同事友好地相处，有的同事任务多，那就抓紧时间言简意赅地问问题。不在于自己的问题有多高明，重要的是让别人能理解你的问题，并为你答疑解惑。一定要做笔记，可能当时自己并未全部领悟。这不仅仅是新人的问题，也是所有职场人的基本素质之一。

### 专业

学会摸索“问对人”，特别是新入职的，各种问题很多。那么可以将问题分为几类:（1）行政流程类。公司规章制度类问题可以问行政部专员，前台，或者看起来有闲的人；（2）业务技能类。直接问自己的直属上司或带教老师，或者找到这个领域最权威的人，获取正确的、有价值的信息；（3）其他类。保持和同期进入公司的同事组成新人团，更有利于融入，这里的重点是了解除本部门之外其他部门的事物，深入了解公司的全貌。

### “搞清状况”

无论新人自身能力如何，切记一定要搞清楚“需求”，保证理解到位，尽量把原话记下来，避免自己走错路或出现理解偏差。特别是小公司，大家都有自己的任务，不可能手把手教新人，新人就要自己学会多听、多看、多记。

新人一般分为几个阶段：试用期阶段第一个月——了解公司的业务流程、氛围、各部门事物；试用期阶段第2~3个月——了解本部门业务、本部门专业技能；试用期结束或转正初期——尝试解决一些简单的任务；转正一年内——任务等级不断提高，从简单到复杂；一年后——希望你的价值在部门内得到展现，甚至在公司内也初露锋芒。

新员工希望尽快融入团队是积极正面的好事儿，同时也不要把老员工想成猛虎；大家要和谐共处，当然在职场生存需要渐渐摸索，新人期间避免与人产生利益冲突。

## 与初次见面的新客户交流

×

王赫

### 你要把客户当成人

身处职场的你一定会发现，工作中的事不管是对待上级、平级还是下级，你的态度和表现都会产生一种固化模式，比如对待上司态度温婉，对待平级态度谦让，对待下级苛刻严厉等等。然而下班后去和朋友胡吃海喝时你简直就像变了一个人，你洒脱自如了，无拘无束，你能和朋友聊的太多了，你总能打开新的话题，逗得大家哈哈直笑。这就是第一点，心态。要把客户当成普通人。

可能有人会说，把客户当成普通人会不会不够尊敬，忘记初衷等等。人们初次交往时，会首先发现对方的优点，也会主动展露自己的优点。这时他在你眼里是个好人，你也愿意在他心中做个好人，初识的人之间不会带有不尊敬，而是会表现得比平时更好。不用担心会忘记介绍推荐产品或了解客户的主动需求。聊开心之后会自然转回到原话题的，不用刻意努力，请相信我。

### 多懂点方言、语言

这点是最切题的技能或者技巧，很容易就能和对方保持一个愉快的开场。初见客户时，寒暄和交换名片之后，记下对方姓名，如果他的姓氏很特殊，就可以询问他是不是某个地方的人，他便会告诉你。这样你就掌握了重要信息。聊天中时不时加点对方的家乡话，令对方倍感亲切，如果你经常看报纸新闻，知道对方家乡的什么事情，他也会很乐意和你聊下去。方言真的很重要，在上海这么久我就发现，两个上海人一起说上海话时，哪怕不认识，也会迅速成为朋友。这是一种屡试不爽的好方法，会的方言不用太多，一两句能用得上就可以。这是缓解尴尬场面和暖场的最好办法。

### 观察对方的兴奋点

这一点很多人都知道，但是找起来可能会费点力。

但其实方法很简单，就是两个字：认同。学会认同，你就是一个绝佳的听众，无论什么样的客户，在面对一个绝佳听众时，都会主动地诉说他们想表达的内容。认同也很简单，无非就是“是吗”“真的？”“这么厉害！”这类简单的句子，记得要有适当的表情。

客户分很多种，要区分对待。请相信我，一旦他开口向你倾诉，或是非常信任你，或是认同你是他的听众。同样地，他也会愿意偶尔听一听你的诉求。

## 怎样与领导高效沟通

×

林茜茜

领导分配任务，可能是模糊不清、不明确的。有可能是以下几种情况：

- 他的习惯表达方式就是这样
- 他觉得我们明白了
- 我们也觉得自己明白了
- 他想考察我们
- 他自己也没弄明白，期盼与大家互动

应对方法：

### 明确任务的目的和目标

从四个层次提问并逐渐深入，甚至明确，分别是开放式问题、选择式问题、封闭式问题、安全式问题。

- 开放式问题：领导，这个建团 90 周年的视频用在什么场合，给什么人展示呢？大概需要多长时间？

• 选择式问题：您看是需要突出建团的伟大历程，还是要突出我校团员的精神风貌？

• 封闭式问题：那视频的框架分这样三部分，A……B……C……您看可以吗？

• 安全式问题：您还有什么要补充的吗？

这样做的好处在于，明确领导需求，保证有效沟通，避免完成任务后再出现变动，做了无用功又耽误了时间。

### 解决方案与计划

形成至少A、B两套方案，并分析其优劣势、所需时间和资源。给出建议，但最终让领导来做决定。

这样做的好处是，让领导做选择题而非判断题，避免了一票否决而导致前功尽弃。同时提及所需时间和资源，让领导做到心中有数，适时考虑是否增加人力或资源。

## 如何与繁忙的领导交谈

maggie

除非事态紧急，否则不要直接打电话约领导，而是通过短信约时间，说清楚要谈什么内容，需要多长时间，提前给领导心理预期。

平日里在关键节点给上级写邮件汇报工作，因为领导时间很少，所以工作汇报写起来也是有技巧的，这方面在国企工作的人都比较擅长，用粗体标出要点，另起一段展开来写正文。

如果是大领导，他还真不一定了解你的事，所以要简单介绍事情的来龙去脉，在谈话中引发领导思考，把你的困难和困惑简单扼要地提出来，直接（委婉）地表达你需要的支持。

谈话时，先挑重要的内容说，再根据上级的时间来决定是否详细展开。

切忌一次说太多事，要分清主次，他能帮你办对你来说最重要的一件事就很好了。

每次去见领导，我都会额外打印一份材料，放在他的桌子上，这样即使我和他的谈话时间很短，如果他有兴趣，还可以扩展阅读内容。

要练习在电梯中碰到领导时“三句把事情说明白”的本领。

被打断是再正常不过的事，要练就把话题重新继续的本领，这就需要你思路非常清晰。

你认为非常重要的谈话，如果约会一再被拖后，要下定不约到不罢休的决心。比如有一次我约老总，但是他实在太忙一再后延，我果断地回短信：多晚都可以，我在公司，您方便时就可叫我。结果很快就被安排了会见。

## 如何进行跨部门合作

✕

Pagoda

跨部门合作经常出现的问题如下：

- 沟通不畅；
- 相互推诿；
- 配合不默契。

这三个问题其实是一些跨部门合作之间经常出现的现象，而且互相影响，三个因素组成了很多因果循环。

那么解决问题的关键是什么呢？

先看三个问题背后反应的实质内容。

- 沟通不畅的主要因素是管理者的不作为，需求表达不明，没有明确的时间线。
- 相互推诿的主要因素是负责人不作为，责任划分不明确；
- 配合不默契就是对工作内容的不明确，没有明显的时间线；

这里有明显的几个关键点：管理者的作用以及时间线的设置。

那么相互配合需要解决的问题就是，有效沟通，明确需求，设置最后期限，反馈时间线。

## 人微言轻，如何推进工作？

问题补充：

一、本人情况

1.通过校园招聘进入公司，实习5个月后，已正式入职18个月；

2.级别在总部属于最低；

3.目前代表部门参加公司一个大型项目（几乎涉及公司所有职能，是与主营业务并行的一块儿新业务，该项目处于测试阶段）；

4.我在此项目中的本职工作是需要整合我们系统的一些内容、下发，并协调大区和子公司人员去执行。

二、遇到的问题

1. 与我打交道的对象都比我级别高，邀约开会时常不来，要求提供的文件经常不按时提供甚至不提供；

2. 领导催我定时完成工作任务并将文件下发，我不得不越俎代庖替他们做一些工作，无形中加大了我的工作量，而且逐渐地，他们也就习以为常，把这当成了我的固定工作；

更为关键的是这些内容是要下发到全国，如果出现问题，会追责到我头上；所以现在我不仅干得多，还要承担风险；

3. 由于是公司全新的项目，之前没有经验，所以流程等内容完全不清晰，属于摸着石头过河的阶段，这样在下面执行中就会遇到各种各样的问题。由于我们部门负责执行，所以这些问题会反馈给我；

这时候各职能部门就会互相推卸责任，几个部门罗圈仗，可能还需要我去组织会议请大家来沟通解决问题，完善流程，规范制度；

4. 一番扯皮讨论下来，有些制度还得我去发布，可能继续面对下面的挑战，反正是我被推到了台前；

尤其是问题严重的时候，可能就是系统间的负责人在通过邮件争论了，这时候由于我一直在跟进问题，好多时候上级也就把我当成了问责的对象，我感觉自己被无故中伤了。

三、个人总结（我认为问题的症结所在）

级别低、权力低→被动赋予的责任大→权责不对等→我难以推进项目→项目出现问题→因为我参与的多→所以我要负责。但是我觉得归根结底许多工作本就不是我负责的呀！

叶孤城

年轻人，不要有“我是低职位员工”的想法，这样的想法会打击自己的自信，让你的创造性思维不断被扼杀。

下面我一一回答你的疑惑。

> “1.与我打交道的对象都比我级别高，邀约开会时常不来，要求提供的文件经常不按时提供甚至不提供。”

答：这些会议有两种，一种是日常工作会议（定期举行的过程性会议），另一种是结果导向会议（重在解决具体问题）。你要弄清楚是哪种会议，如果是日常工作会议，根据需要参加无可置疑，但事后你需要把会议相关决策、精神、安排等会议纪要通过邮件发给大家。而如果是结果导向会议而且事关乎所有与会者的工作，那必须参加，如果不参加你可以告诉领导，让他根据需要提出警告。（一个与会者的工资如果是9000元，那这个与会者平均每小时是38元，如果是10个人的会议，那这个会议的人力成本是380元，再加上会议的物力成本、隐藏成本等，预计500元都不止。想一想，如果你看到有小偷在偷你们公司一台价值500元的饮水机，请问你会怎么做？）

> “2.领导催我定时完成工作任务并将文件下发，我不得不越组代庖替他们做一些工作，无形中加大了我的工作量，而且逐渐地，他们也就习以为常，把这当成了我的固定工作；
>
> 更为关键的是这些内容是要下发到全国，如果出现问题，会追责到我头上；所以现在我不仅干得多，还要承担风险。”

答：根据我的经验，他们晚交或者不交数据的原因就是：对数据目的、要求等不清楚，或者没有形成一种数据提交观念。这就需要你和领导协商确定一个数据提交的机制，不断沟通监督数据，并且制定晚交和不交的处罚或者按时提交的相关奖励机制（比如KPI的评定）。不要越俎代庖，宁愿花费1小时来帮助他们让他们自己完成，也不要花5分钟替他们完成，因为这样会帮助你后续节约大量时间。

“3. 由于是公司全新的项目，之前没有经验，所以流程等内容完全不清晰，属于摸着石头过河的阶段，这样在下面执行中就会遇到各种各样的问题。由于我们部门负责执行，所以这些问题会反馈给我；

这时候各职能部门就会互相推卸责任，几个部门来回踢皮球，可能还需要我去组织会议请大家来沟通解决问题，完善流程，规范制度。”

答：摸着石头过河没什么问题，你可以向HR申请对大家进行相关培训。互相推卸责任很正常，大家是普通人。组织会议需要切实解决问题，建议你看下会议组织相关书籍，注意会议的要求是形成决策最后解决问题，否则就是无效的，作为会议组织者你应该让会议开得有效。

“4. 一番扯皮讨论下来，有些制度还得我去发布，可能继续面对下面的挑战，反正是我被推到了台前；

尤其是问题严重的时候，可能就是系统间的负责人在通过邮件打架了，这时候由于我一直在跟进问题，好多时候上级也就把我当成了问责的对象，我感觉自己被无故中伤了。”

答：制度由你发布这其实是好事情，这可以增加你个人的权威性，又是对你个人的一种锻炼。但是你必须对于发布的内容清楚了解，不然最后只会沦为笑柄。反馈问题不用烦不用怕，工作没有问题那说明大区或者子公司根本没工作。关键是你需要把这些问题分类，对于常见的问题可以制定标准的答案，对于不常见、特殊的问题可以让你的领导和大区或者办事处人员一对一沟通，解决不了再举行会议。你个人总结说这是级别低、权责不一导致的问题，这些观点学校里的书可以这么写，但你不能这么认为。即便给你绝对权力，你还是会遇到这些问题，否则你就是搞一言堂，是一个无效的管理者。你的不同问题有不同的原因，把所有问题归为一个原因的做法并不聪明。

最后，如果你们工作时要花费大量时间开一些会，但又不能解决问题，每天应付一些紧急事情，没有系统的规划，那么是时候离开这家公司了，因为这个公司已经出了严重的问题。

第 7 章

# 巧妙触及这几类敏感问题

## 不只是因为粗心

问：

我是今年的专科应届毕业生，专业是工程造价，有过几个月的实习经历，今年五月初进了一家公司，目前在项目上做预结算。

自从我参加工作后就各种问题不断，我能感觉到周围同事及领导对我工作能力的不满，但我非常不希望失去现在的工作。我总是太过粗心、健忘，为此我在电脑上贴满了提醒自己的便签纸条，每天列出自己要做的和未完成的事情。

举几个自己粗心出错的例子吧：

第一次是在中午的时候录制电子单据，我自己明明有保存，但是没有关闭表格，太累了就趴着睡了一会儿，醒来后核对数据时发现保存的数据已经消失，施工班组意见很大，直接到领导那里发了很大的脾气……

第二次是做一个单价审批表格，修改规格后发现做得不对，又修改了一遍，结果又一个规格忘了调整，直接打印出来给领导签字，然后发现表格中有错误……

第三次是今天，有几张单据在我这里，结果时间太久被我遗忘了，同事向我要的时候我特别肯定地说不在我这里，然后就开始整理，整理后找到了，当时整个人都蒙了，竟然在我这里，而我一点印象也没有。然后在做一笔结算的时候扣除质保金 5%，不知道为什么我却看成 3%……

总结一下，我实在太过粗心，我自己也很难理解，为什么一些非常显而易见的问题，我却总会做错……在此想求问前辈的心得和经验指导，谢谢！

### 上官人

你一定以为自己和别人只是差在记忆力上或者细心程度上，是吗？

可惜并不是。哪怕你一个一个都背一遍，到时候还是会忘记的。哪怕你一个一个字儿细心地检查，在审核的时候还是会被查出错误来。在我看来你已经很努力，并且受到的压力已经非常大。

其实你缺乏的是对工作的系统理解。你要做的事情应当是什么样的工序，你需要把流程图画出来，不仅仅是你这一环节，包括你的上游下游，甚至包括整个从进入到提交给客户的完整闭环。这样，你就对自己在整个流程中的作用有了直观的印象。

你也就明白了自己工作的目的是什么，你的岗位是如何被设计出来的，大家希望你这个岗位产生一些什么价值。

进一步，你这个环节的输出内容有哪些是重要的，哪些是及时的，你才能理解。对于重要的东西，安排详细的检查；对于及时的东西，设定闹钟。

在这之后，你需要把自己这个环节接受的所有输出内容都进行分门别类的整理，放置到你的工作台上，把每一步工序的文件流转都管理清楚，当别人向你要的时候，保证在 10 秒内给出。

所有的操作对输入内容带来了什么改变，关键点是哪些，如何检查这些点，需要给出具体的检查列表。每次依据列表进行检查。

你欠缺的是职业的工作态度和工作方法，而要培养这些，首先要慢下来，整理清楚，思考清楚，然后才能高效工作。

山尔依

——认真分析每一个错误，类似的错误绝不犯第二次。

这是一句几乎会出现在各种职场经验中的老话，毫无新意。可对我而言，这却是渡过新入职时慌乱无知状态并快速成长的终极信条。是的，招不在多，管用就行。

下面是招式拆解时间，这句话分为两部分：分析错误和避免错误，我就以问题中所涉及的 4 个错误为例来操作一下。

## 分析错误

任何人都会犯错，新入职场的人犯错更是猝不及防，这很正常，所以不要急、不要慌，坦然面对自己会犯错误的事实，并且不要把这些错归咎到自己粗心，其实只是经验不足而已。重要的不是自责，而是静下心来认认真真分析每一个错误，分析这些错误的根源并寻找对应的解决方法才是真正的解决途径。

从你的问题描述就可以看出，你在叙述问题时缺乏条理性，似乎是想到什么说什么，大部分只是现象的描述，并没有想过这些问题背后的原因，还带有些许情绪化。

错误一：电子单据保存失败。

错误二：审批表格规格不熟悉。

错误三：纸质单据保存欠缺。

错误四：看错关键数据。

这样就容易看出问题，其实错误一和错误三是一类：文件整理归档问题。也就是说你还没有依照自己的习惯形成系统的信息储存模式（包括电子文档保存和纸质文档保存）。

不要想凭大脑记下一切东西，你只要形成了自己的系统，就可以不用去记住一切细节。

以我个人为例，电子文档一定要以当天日期为前缀另存为新的文件，每隔一段时间必定点击“保存”，深入研究常用软件是否有自动保存功能。而且万一真的发生文件丢失现象，也要尽量去研究找回数据的方法。至于纸质文件的保存，方法很多，可以多买些文件夹，按时间或按类别存好，实在对自己不放心的话就用登记法，把收到的文件信息录入Excel表格里，方便检索。当然，具体如何操作要看你的个人习惯，你也会在不断摸索中提高效率的。

错误二和错误四亦可看作一类：业务不熟练。很多事你以为是粗心，其实就是经验不足，比如那个质保金5%，或许是个经验数据，类似于行业内基础知识之类的。面对这种问题，就要多下功夫多总结，有心的话把这些已成型的格式、规范、常量数据一一记下来，相信长此以往，再遇到类似的问题，你不仅不会看错，还能更深刻理解这5%背后的含义。

这样是不是清晰一些了？面对错误不是自责很久，而是要分析透彻这些问题的原因。不同的错误可能是同一个原因导致的，或许是你对专业软件不够熟练，或许是你做事条理性不强，亦或许是你做事时的状态太过毛躁，给人留下容易犯错的先导印象。犯了错误不重要，知道自己是由哪些短板导致这些错误才最重要。

### 避免犯同类的错误

犯过的错不犯第二次，这是非常重要的，在我看来，这直接影响你的职场信用。所谓职场信用，就是你在同事及上级心目中的能力印象值。比如同一件事情，交给A大家会很放心，而交给B大家会很忐忑，如果总是一而再再而三地犯同一种错误，就真的是工作能力有问题了。

而避免错误最重要的就是：举一反三。

要想快速成长，就不可以单线程考虑问题，一定要学会全面考虑问题。犯过一个错误就要通过经验总结避免大部分同类错误的发生，而不只是简单地避免完全相同的错误。

以上面的错误二为例，或许你已了解了审批表格的格式，保证审批表格不会再填错。但下次再有其他的报批表格，你又填错了，这就说明你并没有完全改掉这个错误，即你对公司内部各种文件格式不熟练。所以这里的避免错误并不是指避免相同的错误，而是指避免同类的错误。把你能力范围内所需要的各种表格形式统统研究个遍，将可能犯的错误狠狠扼杀在摇篮里！

## 如何及时纠错

✖

李东旭

最好的处理方式，就是把这样的挫折、错误、给人带来的不快、同事们对你的埋怨，当成难得的好机会，用实际行动迅速补救，甚至超出他们的预期，把劣势转变成对你职场生涯有巨大帮助的绝地反击机会。具体应该怎么做，每种情况自然各不相同，以我的经验（是的，我早年间曾经是办公室里默认的“废柴”）列出下面几个原则，仅供参考：

### 知道问题所在

这可以说是最为重要的一点。连问题出在哪里都不知道，你有劲儿也没处使。是自己没有足够重视、不够用心，还是手头资源不够，甚至是你对目标的定义根本与对方的期望不一致？对事情的前前后后审视一番，可以帮助你发现问题。但更为重要的是，要听到直接利害关系人的想法。如果你不惧与人交流，可以直接去找不满意的人询问，谁不喜欢勇于承认错误的人呢？如果害羞，那就问问旁人，但要注意，多问几个人，以防以讹传讹。

### 表明自己的态度

在对方表达不满之后、你提出解决方案之前，迅速地表明自己处理问题的决心。要记住，你的目的，不仅仅是把麻烦解决掉，还要超出对方的预期。而迅速地表达承担责任、改正错误的愿望，这是让很多人始料不及的行为。这样，之后下的功夫才能事半功倍。

### 做出切合实际的承诺

给对方一个承诺，但一定要重视自己说过的话。到了约定的期限（甚至在期限之前），拿出补救的成果，达成承诺！言出必行的人，在哪里都是受欢迎的。

### 付诸行动

这个不用多说。你永远可以更努力，其他一切都是借口，明白这点就够了。

人们喜欢在电影里看到历尽千难万险、克服自己的弱点、最终达成目的的盖世英雄，同样也欣赏身边敢于正视困难、纠正自身错误的平凡你我。证明给你的“客户”看，你不是简简单单地交差了事，而是以“令人满意”为工作目标，成为可以予以重托的人。

经营好自己这桩独一无二的生意，重视自己的口碑，赢得与你共事的人越来越高的忠诚度。无论你处在什么样的地位，都有机会来一次职场的逆袭。

## 新人要不要重视薪资待遇

✕

杨帅

### 应届生起薪是否重要?

肯定是重要的。说不重要、让你不要太关注的，一般都是给人发薪水的人。为什么重要?

据调查，企业的员工工资每年都会有一定的涨幅，除了个别暴利行业，涨幅都在 8%~20%（数据是一年前了解到的，有异议的欢迎指正），起薪低意味着你的基数低，除非涨幅真的很惊人，不然还是不利于以后的收入。

较高的起薪可以影响你的生活质量。起薪低如果还需要付房租等，那么这个收入仅够存活，甚至连参加社交活动，你都得衡量自己口袋里有没有钱。薪资较高可以让你能做你想做的事，买你想要的物品。也可以在社交时大方一些。

较高的起薪可以让你相对自信以及心无旁骛地工作，不用整天为钱发愁，不用因为钱而跳槽。

### 起薪是不是最重要的?

肯定不是。那什么比起薪更重要?

**行业及公司品牌**

工作相关性很重要。例如我实习的时候是在一家留学公司，之后找工作就不断有教育行业的给我打电话。

至于公司品牌也很好了解，当你所在的企业在行业内是翘楚，那么在你辞职（不是被辞退）之后，绝大多数同行业的企业都会给你相应的面试机会。

**成长速度和空间**

我觉得很对的一句话是：只有当你所处的领域和你本身都在飞速地成长，才能导致一种质变。好比互联网行业的兴起造就了许多互联网及电商巨头。

**老板和直接领导**

好的Boss和直接领导对你的帮助和成长是很大的，但能力强的人未必就好，有可能他做事很厉害但不愿意带你，这也不是好的选择。

## 一个小故事

有家餐厅招聘，提供了厨师助理和服务员两种职位，服务员的工作比厨师助理轻松，工资却比厨师助理高，甚至服务员还能拿到小费，厨师助理则没有这个机会。但每年选择厨师助理职位的人还是比服务员多。一个为此感到困惑的厨师助理就去问厨师，厨师回答：确实服务员现在工作比你轻松，工资也比你多，可是你能学到更多东西，成长空间更大，等你将来变成大厨，你的工资就比服务员多了。而服务员的工资以后不可能有大的变化，即使有变化，通常也不是跟职位相关。

最后，都说就业难，其实我觉得并不难，只要你认真些，大部分人就业是不成问题的。做个靠谱的人，想清楚在选择就业单位时哪个指标是你最重视的，然后去做出最优的选择。

## 在哪个环节谈薪水

✖

克里斯蒂娜酱

首先，大量事实证明，谈薪水时不合时宜地耍小聪明，绝大多数时候是不会有好结果的。其次，要明白你用什么策略去谈薪水，和你最后拿到多少钱其实并没有太大的关系，一个人到底能拿多少钱，除了和他的能力有关，还与公司预算、公司的薪酬架构体系、找工作的时机、大环境的荣衰、相关领域人才的多少、原先公司的背景、前一家公司的薪酬等有多方面的关系，这其中的因素对你最终薪资的影响，都比你是否能够优雅机智地谈薪水要大得多。尤其对于一些薪酬架构体系成熟并且不愁招人的大企业来说，除非你是业界精英，否则一个档位有一个档位的价钱，候选人就像白菜似的被分门别类地归档，评到哪个档就拿哪个档的工资，而一个档位的工资上下浮动不超过 3000 元，根本不给你特权随便要价。

不过 3000 元也是钱，对于如何机智地要到这 3000 元，我还是可以给你一些小提示的。即使不能要到这 3000 元，也能让你们别踩了 HR 的红线，失去本身很心仪的工作机会。

## 谈薪也是面试的一个环节

这点特别重要！有些求职者一到谈薪环节就以为主动权在自己手里了，本来的嘴脸就露出来了。这是万万要不得的！谈薪时气焰嚣张或是狮子大开口，让HR感觉不好并汇报到老板那里，是可以直接淘汰掉候选人的。而且老板也不愿意要一个还没进公司就开始提各种要求的员工。因此谈薪水时，无论对方多么让你恼火，或是你对薪资有多么不满意，请用谦和的态度，柔声细语地和HR沟通，把自己的优势和要这么多薪水的理由告诉他，晓之以理，动之以情。通常来说，你说服了HR，才能说服愿意给你出这笔钱的老板。而且如果你能在这个环节表现出你良好的素质博得HR的好感，他通常还会帮助你争取更多利益。

## 不要过早暴露你的底牌，但一定要在合适的时间说出你的期望

通常来说，在面试的最后一轮，如果比较顺利的话，面试官就会问你的薪资期望。此时我要恭喜你，因为这说明你很有可能已经通过面试了。但在这个时候别直接说出你的期望薪资。我给的答案是："我认为这是一个需要综合考虑的问题，我暂时还没有一个明确的数字，不过我认为贵公司会给我一个公正的待遇。"这个答案应该可以让你安全通过最后一轮面试。（或者你对这个公司非常熟悉并且对你自己在行业水平中有非常准确的定位的话，可以直接说出你的期望薪资。不过这样你就要承担可能原本公司会再多给你一点的损失。）之后会有HRM（人事经理）来给

你打电话正式谈薪。此时，如果可能的话尽量让她先说出公司这边给出的口头offer以及一些其他福利情况，这时再说出你的期望薪资。通常应该是根据这个offer，在基本工资的基础上适当加一些数报给她。你大概也就知道自己在这个公司能拿到多少钱，这个offer你要不要接。如果在谈薪水阶段HRM坚持要求你说出期望薪资的话，不要僵持，请直接告诉她。如果她觉得这是一个合理的薪资要求，她会按照你的期望来为你争取。

### 问清其他福利情况，以及绩效、年终奖、期权等一系列其他收入的计算方式

有些初入职场的年轻人，谈薪水的时候发现基本工资满足要求就接受offer去上班了，去了之后却发现各种加班、工作难以取得成绩、晋升无望等问题，综合算下来性价比并不高。同时一个公司在隐性福利上的态度某种程度上也代表了员工在公司的地位和公司本身机制是否考虑到了员工的进步和职业发展。这些同样是在谈offer过程中需要综合考虑的因素。尤其是对那些初入职场的年轻人，有时基本工资低一两千，但是公司平台好、福利高、绩效透明，综合下来最后收入并不一定少。

总的来说，谈薪水本身只是招聘过程中很小的一部分，并没有那么多门道或是技巧。相反，其他的一些经验倒是能更长久并且实质性地增加你的价值：

• 在原公司有一个好的绩效表现来体现你的价值。

• 不要频繁更换行业，在某一个领域或某一个职位上有长期稳定的发展。

• 最多 3 年，要么升职要么跳槽以寻求薪水上质的飞跃。但要控制跳槽频率，不要让以后的老板怀疑你的忠诚度。

• 一生最好有一次，最好是在年轻的时候，进入行业内顶尖的大公司并工作 2 年以上。这不仅仅是为简历镀金，更多的是要接受正规职业化的训练，以及获得更多的资源和更宽广的视野，还有最重要的，是建立你的自信。

## 第一次提出加薪要求

✕

林菲

• 薪资水平受行业、公司、部门影响，因此不要迷信平均薪资，要找对快速晋升通道。

• 公司中各部门的薪资结构不一样，没有可比性；通常公司的利润来源或者发展倚重薪资最高的部门，比如依赖销售业绩的公司，销售人员工资最高。同理，技术型公司的技术人员、互联网公司的产品经理等工资较高。

• 正确估值，在个人担任公司重要项目及加班频繁时提出奖金要求而非工资加薪要求，则比较易成功。

• 加薪要求不宜过高，一般为现有薪资水平的10%左右，超过此范围的，直接上级通常并无决定权。

• 加薪要求不宜过多，一般一年提一至两次。

• 伴随职位晋升/跳槽/转岗的加薪比较自然，一般不需要特别申请，顺应公司薪资结构自然提升。

• 上级主动加薪的幅度通常大于本人要求，工作5年后我的所有加薪均来自于上级提出，薪资增长水平高出5年前一倍多。

所以如果你觉得自己的薪酬不合理，首先要了解所在部门在整个公司处于什么位置，同时判断公司在所处行业的水平，结合城市的消费水平，再根据自己的消费支出，得出自己所要的薪资水平，比看平均薪酬靠谱得多。

工资高低首先看选择，其次看绩效，最后看人品。

以下是案例。

## 失败经验

**高估自己的价值**

我是某创业公司的初创人员之一，曾为公司节约数百万元，自以为功劳巨大，向老板提出加薪要求，结果老板虽然当场答应我每月加五百元，同时随着公司发展也发了季度奖金，但老板心里是不舒服的，但凡发奖金总想扣我点儿，对于老板来讲，给我加薪不如再招一个给力的美工。事后我反思了，一是老板对数字不敏感，二是老板觉得无论给多少钱都安抚不了我，三是老板对我个人的估值受我前公司的岗位和薪水影响，因此双方从一开始就没谈拢。最后老板另外招了三个人，赔了我三个月工资，把我辞退了。辞退时老板找我长谈过两次，当时老板的心态很纠结，一方面，通过两年合作对我的能力是认可的，另一方面，又担心我的薪资要求超过他的许诺范围；老板始终处于挽回或砍掉两个极端来回撕扯。问题是当时我对年薪期望值并不高，我所求的并非金钱，而是能力认可。老板是技术人员出身，把认可等同于真金白银，所以拒绝任何形式上的表扬，经常在公开场合表明我的付出是应该的，是任何一个同岗位全职人员都可以做到的；以至于我退而求其次，既然得不到表扬，就拿钱吧，最终激化了双方的矛盾。

**高估部门价值**

我所带部门获得过两次优秀部门称号，因此希望做一次全部门涨薪调整，被老板否决。所在部门并非公司一线部门，所创造的价值以隐性为主，显性价值较少，不宜为公司全员所知，因此仅依赖于公司老板的个人判断，比较单一被动。

**高估行业薪资水平**

就业于游戏行业时，不了解公司所处行业位置，对于自己低于平均薪资水平的工资不满意，基于加班提出的加薪要求，加了工资却扣了奖金。公司对于个人的薪酬持整体判断逻辑，一般中层以上均计算年薪，包括但不限于工资、季度/年终奖金、加班费、休假、福利，年底财务算总账统一调整。因此若我不提出加薪要求，年终奖不仅会发，还有可能更多。而我提出加薪要求本身，给上级留下了不好的印象，而奖金发放权在上级手中，因此总体而言反而吃亏。

**缺乏职业规划的布朗运动**

生孩子前比较任性，工作中碰到瓶颈就另谋他职，导致基础薄弱，就职公司积累经验欠佳。大部分公司高层的工资通常高于中层，而入职不满三年的员工很难升入高层，创业公司除外。因此非理性跳槽不会带来薪资的高速增长，以十年为期，通常五至八年才是行业积累被认可的期限。

## 成功经验

**上级为公司核心人物**

毕业进入的第一家公司由总监直管，工作特拼命，加班不要钱，福利高于同期入职同事，但薪资水平相差不大。当时我的诉求是增加人手，而上级因有上市任务因此无暇顾及我，每次都是加钱了事。当时上级是空中飞人，没时间面试人，因此以加钱安抚我为主。结果我虽然加了薪，但一点儿也不开心，还是辞职了事。上级忙完一个段落后惊觉我已辞职，许诺停薪留职及长假、多休、升职等多种优厚条件，均被年轻不懂事的我一口回绝。

**完成公司核心项目**

在之前公司参与核心项目谈判，拟写合同，实现了重要商户的签约，因此得到晋升和加薪。

**公司内部斗争受益人**

前公司副总之间开战，无心项目的事，由我主导的项目超额完成，相比较其他进展缓慢的项目，显得特别突出，因此取得额外的项目绩效奖金奖励。

**行业薪资水平增加**

互联网行业外部招聘工资增加，老板在比较新招成本与加薪成本后，进行了全员薪资普涨。

所以，综上所述，排除掉偶发因素，我的工资增长，主要来自于行业职位选择，其次是老板的靠谱程度，最后是个人绩效。

## 怎样得到职位晋升

李栩然

第一次晋升，是几年前在一家央企总部。

那是我的第一份工作，工作刚满两年多，晋升时我不仅是单位最年轻的C层，而且也是整个部门最年轻的人，理论上我要管的人平均年龄可能要大我七八岁（后来为了方便我管理，又单独为我招了几名应届生）。

我至今仍记得，刚拿到那家央企的offer时，有同学非常不屑地对旁人评价说：他那样子，上面没有靠山，后面没有后台，周围也没啥关系，自己又没别的背景，还想晋升啊？我那时候其实也差不多是这个想法，保守估计，按照当时的状况，我拼死拼活干个三十年，到退休的时候能混个经理，就已经是祖坟冒青烟了。天知道国企里有多少默默无闻熬到退休的人。

然而，命运跟我开了个大大的玩笑，两年后我不仅得到了晋升，而且还越了级，按照我最初的想法，祖坟上岂止是冒青烟，简直是冒火。

再后来，我又有了更好的机会，去了一个更高的平台。我也时常回想，那样的环境和当时的我，到底是什么原因，让我能得到超越预期的收获？

想了很久，除了机遇和领导赏识这种自己无法把握的东西外，核心的无外乎就那么几条。

**先用最快时间学做事，再用一辈子时间学做人**

这一点与私企外企都不同，多数私企外企可能是先学做人，后学做事。（尤其是企业文化做得比较好的、历史较悠久的企业，进去先让你融入氛围，再慢慢提升能力），最后能发展到什么程度，全靠个人能力。国企是一进去，就让你做事，做着做着你就会发现，光做事是没有用的，还要学会做人。

“做人”这个词真是言简意赅，语义精深。

你既不能太锋芒毕露，惹人生厌，也不能唯唯诺诺，毫无存在感；你既不能故作清高，不合群，也不能整天都混小圈子，拜山头；你既不能整天和领导对着干，不讲政治，也不能整天只会溜须拍马，不讲原则。

核心的核心，大概也就是个度吧。

“这个世界，并不是非黑即白，在那中间，还有一个灰度。”——任正非

所以，在国企的那几年，我和大多数同事都保持着很好的关系，即使后来离开那个单位，我和他们仍然保持着非常好的私交。

**你只有非常努力，才能看起来毫不费力**

并不是所有人，都能在工作以后保持继续学习、努力的状态。更不是所有人，都知道努力的方向和努力的途径。尤其是在国企宽松的氛围中，如果只满足于每天上上班做做事，回家玩玩游戏陪陪女朋友，很容易就松懈下来。工作的头三年，我几乎是利用了一切可以利用的方法和机会，来提升自己。刚开始做内刊，我自学了编辑和排版，后来写公文，我除了去看那些基本的格式外，还把从新中国成立以来的所有国务院和地方政府工作报告、《求是》评论文章等全部读了一遍，学习如何写大文章；再后来，我开始给领导决策做分析，又去学财务，学看报表……

甚至因为领导对PPT要求很高，我在离开单位时，已经成了一家专门的PPT论坛的专家级会员（可以想想，我花了多少时间在上面）。

除此以外，健身、运动、看书……能提升自己的事情很多，自己需要提升的方面更多，只有将功夫下在平时，机会到来的时候才不会手足无措。以往我觉得我过得不够好，仅仅只是因为我不够幸

运，后来，我知道，没有什么意想不到的惊喜仅仅只是纯粹的走运。走运不是意外，是计划、思考和行动后带来的好运，是在泥泞道路上前行，摔得鼻青脸肿而大志不改后，上天给予你的恩赐。

**不光只埋头拉车，还得要抬头看路**

踏实做事是没有错的，但仅仅做事是不够的，你需要不断地思考和总结。一方面，这样能让你对工作更加得心应手。从编写内刊的小事开始，再到后来承担更重要的工作，我每周都会花时间，来专门梳理我最近做的事情，有哪些可能存在漏洞？有哪些还可以改进提高？有哪些以后都不用浪费时间了？每参与一次与本职工作无关的专项任务，我都努力在结束后成为这个方面的专家。

另一方面，更重要的是，你只有想得够多，才能活得清醒，有多少人在忙忙碌碌的工作中迷失，早已忘了最初的目标；有多少人，取得一点成绩，就开始浮夸，只为了让人相信你一直站在台上；还有多少人，被领导一顿臭骂，就自毁自伤，怀疑自己毫无工作能力。

> “请记住，世界上最难的事，就是了解我们自己。”——本杰明·富兰克林

**走得远了，别忘了当年为何出发**

这些年里，我并非过得一帆风顺，在我带的一个实习生从背后捅我刀子的时候，我曾第一次对人性感到失望；曾在初次和女

朋友回家，她父母因为我出身贫寒，让她跟我分手时，感到深深的自卑；更曾在父亲弥留前，跪在医院院长面前磕得头破血流，只为求医院派救护车将父亲送回老家，但仍被拒绝时，感到无助的绝望……

我们都曾经历过这些弱小的时刻，但随着时间的流逝，只要你还在不断努力，你一定会变得越来越强大。但这个时候，你还记得当初的自己吗？还记得当年为何要如此努力吗？

这些年，你究竟是成了那个你心中更理想的自己，还是成了那个你曾经无比鄙视的别人？

我始终相信，那些各领域的大神，那些有魅力的领导，那些让人信赖的长辈，年轻时与我们并无两样，只是在面临选择时，还记得自己最初的方向。

第三部分 ×

# 正视跳槽

NEWS
WWW
JOB OFFERS
QUALITIES + SKILLS
JOB
Job
HECKLIST
GRAMMAR
SPELLING
PHOTO
EDUCATION HISTORY

“

羽翼丰满的鸿鹄自有浩瀚之志，在飞向更高远的天地之前，要有确定自我价值的能力，固化的思维是一种自我束缚，你还要有冲破牢笼的勇气。当然，你要永远保有脚踏实地做好每一份细微工作的定力。

”

第 8 章

# 要做忠于自己的选择

## 不喜欢就及时改变

×

王承伦

如今我经营一家自己创办的猎头公司，主要负责和人、人才打交道的业务。由于我对其投入大量的精力和热情，很多人会认为，我从一开始就知道自己想要从事这样的职业。

但事实上，我拥有一个机械工程师的学位，职业生涯的第一份工作是研发工程师，负责设计玩具。从事这份工作 5 年多之后，我决定选择一条全然不同的职业道路。

并不是我不喜欢或是讨厌我做的工作，玩具行业充满了创意，设计玩具也是种很有趣的工作。我在美泰玩具公司工作，这是一家很知名的企业，老板和同事都很好，那为什么我决定放弃这份工作，进行职业转换呢？

最初，一切都很好。作为一名大学毕业生，我接触到的一切都是全新的，富有挑战性，需要我不断地去学习。但两三年之后，我发现自己经常在上班时间盯着时钟看，花越来越多的时间思考与工作无关的事。对于这份工作，我实际的兴趣度其实很低。这令我打击很大。

作为一个年轻人，我原本应该对于自己的生活充满能量和热情。恰恰相反，年仅 25 岁的我，感觉像是 55 岁。我还没有全情投入，人生就一点点离我远去。这令我非常压抑。

因为对于所做的事兴趣度不高，所以我知道我永远也不会在这件事上做到出色。如果根本不在乎自己能否成为出色的工程师，我怎么能够在这一领域做到出色？但我内心其实是希望在某些事上做到出色（或至少有机会做到出色）。

虽然我并不清楚自己真正想做的是什么工作，但我很明白，在接下来的人生中，我不想做的事是什么。发现了这一点后，第一步就是进行改变。

相信我的经历和中国很多职业人很相似。事实就是，在明确自己真正喜欢的事之前，我们更容易在生活中发现自己不喜欢的事。幸运的是，在我的职业早期，我就意识到了这一点，使我做出改变的机会成本大大降低，可以更轻易地去追求不同的事物。我知道本土职业人由于面临着巨大的外部压力，可能很难做到这一点。但是你的职业生涯很长。因此，我坚信为了未来的幸福和成功，值得去追求真正喜欢的职业。很多人在考虑换工作时，都会担心选择离开或改变会有风险，但他们却没考虑到不离开、不改变的风险。相信我，职场中最大的风险之一就是，在一个无法让你继续成长或发展的环境，而市场中的其他人却在不断提升。不久之后，你就会发现，自己的竞争力已大大减弱。

也许新工作并没有很大改善。但如果你留下来，那你的情况是百分之百不会得到改善。做出改变，那至少你给了自己一个改善的机会。问题的关键是：你要为自己评估并选择一个好的环境。考虑新机会时，你要注意是否有一些好的环境的基本标志，比如成功的商业模式、好的老板、快乐且成功的员工、好的培训资源及发展机会、新的职责等。所有这些因素都将帮助你明确并选择一个能助你成长并成功的环境。

你必须面对现实，生活中没有什么是可以保障的，尤其现在一切都发展快速，竞争激烈。

你必须成熟且诚实地面对现在的环境，如果没有什么前途，那就采取行动。我不是说换工作很简单，但最终，是否要选择一个更好的环境、更好的将来，取决于你。要想做好，明确改变环境是否真的有必要，做好准备功课，培养你的能力以做出好的职业选择。

最后提一点，很多人每 1~2 年就换一次工作，但几年后却发现自己的背景无法再吸引雇主。很多人选择工作或公司时只考虑薪水多少，但之后才发现，之前的经历根本没有积累出能够帮助他们抓住更好机会的经验和技能。抑或有些人即便受困于自己根本不喜欢、不关心的工作，却因缺乏竞争力而不得不继续面对乏味的工作。

为了避免出现以上情况，请记住：今天做的每一个选择，都会影响到你将来目标的达成。你加入某个行业、公司或职位的决定，会关系到你是否喜欢自己的工作，是否在工作中能有所成就，以及你的整个职业生涯和生活将有怎样的改变。所以在考虑重大的职业决定时，问问自己，"这个机会或环境能让我更接近最终的职业目标吗？"

成功的公司在做出重大商业决策时，都会考虑到公司短期、中期和长期的目标。我们做重大职业选择时也应如此。虽然我们可能会更关注"当下"的现实需求，但"未来"也是需要考虑的现实因素。

## 跳槽可能是增值的机会

李石

跳槽高峰期，跳槽的人都增值了，谁亏了？

管理水平高的公司赚了，管理水平低的公司亏了。

管理水平高的公司以价值为导向，能够权衡员工离职带来的损失、挽留员工需要的成本和员工能够创造的价值。

管理水平低的公司关注手段而非目的，管理水平低的部门关注KPI而非绩效，管理水平低的管理者追求卓越的人才而不是合适的员工。常用的台词是："公司除了老板离开谁都照样运转。""哪个说的都挺好，还是看干的吧，先试用，不行开掉换一个。"公司确实离开谁能运转，但是不同的人离开有不同的机会成本；如果没有标准，试用期又能看出什么，能力没看出来，成本付出很多。如果管理者不在乎成本，不关注产出，你说他会赚还是亏？

各公司间员工相互跳槽，都能增值不少。是什么造成了这种现象？

信息不对称+过度自信+管理者懒得花小成本解决问题，却愿意用大成本试错。

根据行为经济学中的过度自信理论（Overconfidence Theory），人们在面对极度困难的问题时，倾向于过度自信；人们期望好事情发生在自己身上的概率高于发生在别人身上的概率，甚至对于纯粹的随机事件抱有不切实际的乐观主义。对自我知识、能力、学历、经验、背景的综合评估毫无疑问属于极度困难的问题。

根据行为经济学中的懊悔理论（Regret Theory），对于多数人来说，行动的懊悔，要大于忽视的懊悔。所以，有时候我们宁可将错就错，也不愿打破现状，对其他选择故意忽视。所以企业管理者倾向于漠视现有员工流失现象，直至因缺少人力资源不得不在外部市场高价招聘新人。

公司和员工双方都满意了吗？

管理水平高的公司满意了。根据ROI（投资回报率）理论，把值得留的人留下，让不值得留的人离开。把值得招的人招入，把不值得招的人拒绝。

职业规划清晰，能够客观评价自己的员工满意了。知道自己想要什么，才能懂得取舍，用现有收入换取未来机会就叫远见。长于表达（忽悠）、弱于执行的员工满意了。这边忽悠不下去了，该换一家继续忽悠了。

管理水平高的公司，招到第二种员工，踢出第三种员工。管理水平低的公司，流失第二种员工，招到第三种员工，招到第三种员工，招到第三种员工……还要感叹，为什么中国没人才！

## 重视项目而非技能

rank

### 写简历的时候一定要认真，避免写错别字

比如，把iOS写成ios或者IOS的人比比皆是，还有人把jQuery写成Jquery，这都是错误的写法。既然是在找工作，就要用绝对认真的态度来面对，写完之后自己多检查几遍。我统计过，写简历不认真，在简历上出现明显错漏的人，大约有80%

都过不了技术部门的复试。

### 不能胡乱改写简历，一定要诚实

有些人，没有当过领导却把自己写成领导，原本只有一年工作经验，却写成三年。面试官并不傻，只需要问几个问题，简历作假的人就露馅了。

### 重视项目而非技能

有的人会在简历里写“精通HTML/CSS/JavaScript技能”，这种描述方式，不是给猎头看的就是给 HR 看的。而对于面试官来说，更注重的是面试者的工作经验，侧重于从简历上看面试者曾经参与过哪些项目。所以，请在简历上突出工作经验，比如，在什么地方参与了什么项目，细化到自己具体做了哪些事情，以及最后的工作效果如何。

### 尽量不要把期望薪资写在简历上

给HR知道你的期望薪资是没有问题的，但最好不要写在简历上，因为面试官也会看到简历，很多公司的薪资是保密且敏感的方面，甚至有些公司领导可能只希望HR了解员工薪酬。所以，建议直接和部门负责人或者HR谈薪资就可以了。

## 如何与猎头沟通

✕

Hugo，人力资源顾问

### 初步接触和判断

先要给对方留下比较好的第一印象，你可以通过几分钟的接触，大致了解一下给你打电话的猎头顾问的水平如何，因为猎头行业从业人员良莠不齐，未必每个给你推荐岗位的猎头都是足够专业的。

### 相互了解

如果你判断这个猎头顾问的专业水平不错，那么既要让猎头了解你（不管推荐的职位是否合适，因为猎头不一定能在第一次接触的时候就清楚了解你的背景，或许有其他更为合适的职位），也要去了解猎头（要了解对方主要负责哪些行业和哪些职位，以及猎头公司的知名度和规模等）

### 坦诚沟通

猎头作为第三方，既不是你的人，也不是雇主的人，你若有什么疑问或难题，不妨对猎头坦诚相告，或许他们还能给你一些建议。猎头接触的人非常多，候选人耍的一些小花招他们基本都见过，你的小动作很容易被猎头察觉，与其遮遮掩掩，还不如坦然应对。

### 抓住重点

猎头接受雇主的委托，他们更了解雇主的需求，基本每个雇主都有自己偏爱的类型（比如管理过特定类型的企业、对某个产品特别了解或在某些领域有特别丰富的资源），你可以先与猎头沟通，分析一下你对这个岗位的理解，或直接询问猎头，雇主偏爱哪种类型的面试者，然后再把你自己在这方面的经历多做展示，供对方参考。有一些你并没有做过的事，并不代表你做不好（也许你很合适），但猎头和雇主一般都不是很愿意去冒险（他们也无法在短时间内就确定你可以做好），所以需要你有过相关的成功经验，也需要你给他们建立信心。

## 别让他人的意见左右你的决定

×

王承伦

在中国，你必须面对各种外部压力。你会发现，有很多人听从了他人的意见，从事了那些别人口中所谓的最佳工作，结果最后自己并不喜欢这个工作或职业环境，或是自己的工作状况很糟。但是说到底，这并不是别人要面对的现实，而是你自己。

在我的职业发展演讲会上，我总是鼓励大家去关注那些关键的内部因素，例如，你对什么感兴趣，你喜欢做什么，这些对于你做出重大职业发展决定很重要。但我经常被问及，如何处理那些外部压力，比如来自于同伴、父母、朋友、同事、同学、社会等方面的压力，可能他们建议你去做的事，并不是你想要做的。

我的回答是："总而言之，我能告诉你的就是，他们是他们，你是你。"这意味着，不论别人怎么说，那始终是他们的看法。但是，你才是最了解自己的人，明白自己喜欢什么，不喜欢什么；明白自己在乎什么，不在乎什么；什么能激励你，什么让你充满动力。在寻找或评估新的工作机会时，我们常常询问他人的建议及看法。确实，他们的想法和观点很真实诚恳，会最大化地考虑你的利益。他们希望你能得到最好的，也希望你能成功。因此，向他人寻求建议是一件好事。

然而，要想避免一个让你感到不开心、沮丧、失望、迷茫、困惑的工作或职业环境，你必须做出正确的决定，什么对你来说才是最好的。论及你的事业（及人生），不是别人要每天面对不喜欢的工作及公司，而是你；不是别人必须忍受不适合或根本不喜欢的工作环境，而是你。尽管关心你的人想尽可能地帮助你，但最终，不是他们，而是你，要为自己的职业决定负责。

## 换工作的最佳时机

✕

曾铁

我的建议是，不要等你到了职业生涯的谷底再跳槽，在走下坡路无力回头的时候就可以考虑跳槽了。

其实如果工作没有遇到瓶颈，你是不会想要去跳槽的。因此一旦你开始考虑跳槽，你一定是过得不开心。不开心的原因有很多，最简单的 3 点就是：钱的问题，项目问题，人事问题。

但是你会就这样跳槽吗？大部分人不会的。你要先忍耐，然后等一个看起来不错的工作机会。这个工作机会必须至少可以解决上述 3 点中的任意两项。

换工作的最佳时机要满足这几个条件：下家已经找好了，而且你自己比较满意；手上项目不多比较好交接；不是年终奖发放之前两三个月；股票期权都卖光了。但是哪有那么好的事，总有些不满足的条件，所以一旦决定跳槽，有些该舍弃的就舍弃了。

跨行业的跳槽，需要的是快速学习能力，并且已经在自己的岗位上建立了一套行之有效的个人工作方法论。我见过很多有自己的独到方法论的职业经理人（主要指职业经理人的团队管理能力、业务学习能力、内外交际能力、融会贯通的本事，普通执行岗就比较困难了，还是尽量不要跨行业），不管把他丢在哪个公司，肯定很快就能胜任工作。当然，有一些特殊技能的行业，是必须掌握技能才能跳的，拼命去学习吧，最好考个证。

克里斯蒂娜酱

就说一下互联网行业的情况。金三银四固然有其道理，但真正的招聘或应聘结果会受太多因素影响，相反，固定月份反而是影响因子最小的一个因素。

**人才市场的供求关系是影响最大且不为个人努力所改变的最基础的大环境**

这里就要提到长期供求和短期供求。短期供求，就是大家所熟知的金三银四，这是候选人和企业双方约定俗成的两个月份，但实践证明，这个说法对企业的影响更大而不是候选人。

因为从心理学角度来说，年后是个人最容易换工作的一个时期，此时年终奖已经到手，吃好喝好休息好了干劲满满，回到老家发现隔壁老王盖了新房子，娶了老婆，心里一受刺激对自己的现状就不满意了，这时是候选人最浮躁的时候。而企业的招聘需求其实是长期的，很难说过年这件事本身会让企业产生什么招聘需求，更多的都是原有员工跳槽了，所以出现了一些职位空缺。所以对于一些不是很热门的岗位但又特别想看大平台机会的候选人，在三四月份跳槽未必会拿到特别好的offer，原因很简单，此时跳槽的人太多了，而新的需求其实增长有限。长期供求则是一个岗位在某一两年内在市场上的整体情况。比如以目前的市场情势，如果你是个前端或是Python[①]工程师，即使是年底的半夜3点投出简历，电话也能分分钟被打爆，这种岗位是完全不用考虑跳槽月份的……

但我个人并不赞成根据市场盲目改变个人的职业发展方向，因为任何市场都是不断变化的，任何行业和岗位都有其发展周期和峰谷，盲目追寻市场只会断送自己的职业发展路径。

正如我报考大学时正是房地产行业井喷的时候，当时各种学生报考房地产行业相关岗位，比如，建筑、土木、暖通、给排水等。等到毕业工作，刚要开始赚钱时，房地产行业就开始走下坡路了，今年我身边好几个从事相关工作的朋友便准备转行或已经转行了……听说这几年各大院校的计算机专业大热，或许再过四五年即使互联网行业不衰落，人才竞争也会非常激烈。

**公司的招聘政策对招聘结果的影响同样不容小觑**

一般来说，公司会在过年前开始梳理来年的招聘需求，给每个部门分配HC（Head Count，意为总人数），晚一些的会在过完年回来首先做这件事，为了能赶上金三银四的招聘月。然而，这就出现了问题：对于那些在年后才开始梳理HC而本身体量庞大业务复杂的公司，3月是无法把HC完全梳理出来并审批完的！

---

① Python，是一种面向对象、解释型计算机程序设计语言，1991年公开发行第一版。——编者注

比如我曾经的某个客户，3 月我们心急火燎去找HR问职位需求情况，被告知HC还未梳理完毕，所有招聘冻结！ 4 月去问招聘需求，被告知还在走审批程序。直到 5 月才正式开始一个财年的招聘流程……后来想想，也幸亏这家本身是名企，否则对企业的人才储备是非常不利的。对于要等这个公司机会的候选人来说，金三银四可能完全就是个陷阱。

**即使在同一行业，不同岗位的招聘高峰期也不同**

以HR岗位来说，在年前会放出非常多的HR相关岗位，因为三四月的招聘高峰期开始时一定要有数量足够的HR来推动和支持，此时如果才开始招聘HR，一定会耽误其他重点岗位的招聘，所以通常来说HR的补足高峰期反而是年前，对候选人的要求最低也是年后可以立即入职。另一个职能岗位的招聘高峰期在6~8 月，这一点在发展型公司体现得尤其明显：三四月都去招技术和业务岗了，那时还忙不过来招聘职能岗位，而等业务开展起来，公司扩张起来后发现没有支持部门，这时职能岗位的重要性才会凸显出来。

**对于中高端岗位，与其谈月份不如谈时机**

年薪 40 万是一个分界线，高于此分界线的招聘需求并不会因为月份而出现非常明显的变动。但一旦形成这样的招聘需求，通常来说，公司会多面试几位候选者。毕竟这也属于一个中层管理/技术岗了，通常手底下也是要带人的，对公司的某部分业务或是业务的某个方向会起到一定的影响，老板怎么可能见一个人就给

offer呢，总要综合比较。所以，这种岗位面试的前三个人都有极大的可能性被毙掉，是被HR和部门负责人用来熟悉市场的。后面参加面试的人才比较可能通过。而对于这种岗位，候选人自身跳槽也会比年轻人谨慎，一个offer谈两三个月是常有的事，一年半载也不是没可能。

综上所述，在互联网这个行业，金三银四这个铁律的作用还真没想象的那么大。打铁还需自身硬，努力提升自身实力才是硬道理。

## 选择跨国公司还是本土企业？

×

王承伦

我的猎头公司与许多从跨国公司转战本土企业的候选人合作，特别是那些从传统企业转到互联网企业的候选人。如果你在跨国公司里工作一辈子，你会得到十分专业化与国际化的培训，你会明白国际水准的业务、管理、运营操作与方法，并获得相应能力。但是，在你的工作环境中，人人都有类似的能力。在这种情况下，你的成就并不是非常的突出或特别。

然而，如果你加入一个本土企业，瞬间你就获得了优势，你立刻可以完成一些极少数人才能完成甚至除你之外没有人能完成的任务。我把这叫作职场上的“超人现象”。如果你了解超人的故事，就会知道他来自超人星球。在超人星球上人人都一样，超人的超能力并不神奇。事实上，他来到地球之后才成为超人，瞬间能为别人所不能。很多本土企业现在面临一个很大的挑战。几年前，我遇到一个CEO，他的本土消费品零售公司当时已经稳速发展了十年。公司品牌已广受认可，具有在全国范围内继续拓展业务的潜力。我们就他的招聘需求进行交谈，这个CEO很直接地说明了公司业务发展目前所面临的最大挑战。

“我们公司的员工热情饱满、工作努力、忠诚可靠，对我们的业务也信心满满，”他告诉我说，“如果没有他们，我们不会有今日的成就。然而，现实很残酷，虽然我们的管理团队帮助我们走到了今天这一步，但是他们中90%的人都没有能力帮助我们达成未来几年的运营目标。”

他接着点明了公司需要更好的工作流程、更专业化的针对各种业务的管理方式，来使公司继续成长、更有效地运营。他需要执行更成熟的管理流程、体系以及方法论，令公司业务翻倍。

跨国公司急需优秀国际人才。“不幸的是，我们公司里的大部分管理人员并没有在其他公司工作的经历，具有跨国公司工作经验的管理人才更是少数，”CEO告诉我，“他们从来没有加入过经营成熟、符合国际水准的公司或部门。我们现有的经营体系基本上是本土化、自主开发的，而我们急需的是那些富有一手知识与经验的人，他们了解成熟的商业流程和管理方法并能利用其为公司增值。换言之，他们现已身处我们公司所想达到的未来。”

本土企业里有你大展身手的好机会。这些本土企业的高管层之所以要寻找拥有国际背景的人才，热切期待你的加入，是因为他们需要你来帮助他们构建重要内容，走出关键步骤。例如，他们此时需要构建更专业化的财务报告系统、人力资源流程、销售管理方法以及薪酬福利体系等。这些举措都是备受瞩目的，它们会对公司产生深刻的影响，受到公司最高层的关注和支持。

从跨国企业转入本土企业能让你充分发挥优势。这就是为何现在有如此多来自顶级跨国公司的出众人才选择进入本土企业平台，如腾讯、阿里巴巴、大众点评和优酷。在这些公司里，他们能够充分发挥他们的经验与才能，在关键时刻为发展快、潜力高的企业带来重大影响。

当然，并不是每个本土企业都能赏识你，为你提供机会，让你发挥跨国公司的工作经验和能力。企业的高管层会为了吸引你而向你描述种种情形，但你需要全面地评估他们实现承诺的诚意和迫切性。此外，也并不是每个人都能接受从跨国企业到本土企业的文化转变。

但是，如果你是一个喜欢创造和挑战、想要发挥重要影响的人，那么你可以通过加入一个快速成才的本土企业，帮助它们朝着更专业化、国际化的方向发展，来加速自身的职业发展。在这种情况下，你就能成为“职场超人”，涉足甚至从事十分关键、备受瞩目的业务，并为别人所不能。

## 是苦是甜，在于自己的选择

池建强

在回答这个问题之前，我先要给大家讲一个真实的故事。看了我的经历，你们的成功可能会更容易一些。

在十多年前的一个晚冬，那时候天很蓝，日子过得比较慢，北京还存在沙尘暴。在外企百无聊赖的我终于接到通知，春节过后带着组内一行四人去美国进行为期半年的技术培训，与美国总部的同事一起工作和学习。听到这个消息大家非常开心。随后大家的工作任务是：练习英语口语、熟悉奥斯汀（Austir，得克萨斯州的首府）的地图、规划旅游路线、在总部同事的帮助下订了酒店和车、把打印好的英文驾照贴到自己的驾驶本上，然后就高高兴兴地回家过年去了。

这是一个美好的春节……直到准备去机场的前一天，美国同事打来电话，总部接了个IBM的大单，准备铆足劲大干一场，没空搭理我们了，退票、退房、退车，接着在北京歇着。听到这个消息，大家心都碎了，组里的几个成员眼泪汪汪地看着我，我们对着蓝天共同发下誓言，以后谁要是发达了，就把IBM收了，然后从那一年的订单记录开始查，上溯十九代也得把这单合同的销售找出来……

终于，在闲暇的日子里，我接到了某个公司事业部老总打来的电话，说目前公司的技术部无人打理，问我是否有兴趣出任这个职位。一聊之下，兴趣并不大，薪资也没吸引力。

结果公司总裁出马了，不仅请我吃饭，而且描绘了公司和技术部的优秀团队、美好前景和宏大蓝图。我当时年少轻狂，心想就是这儿吧。于是辞掉了闲暇的外企工作，一个月后就去新公司上班了。

我幻想中的宽敞的办公室、优秀的产品和积极向上的团队，其实从来就没存在过。我在新公司的一个狭小的工位办公，技术部的团队成员只有三个，心中都充满了对公司无尽的抱怨。其中一个一周后离职了，另一个两个月后离职了，最后一个五个月后离职了。

原有的产品无论从代码还是UI层面都存在无数的问题，产品与用户之间充满了各种“医患”关系，研发与实施像结了一个世纪的仇恨，见了面都恨不得杀死对方，好不容易培养的新人事业部都想要走……我在这种情况下工作了一个月之后，基本上处于崩溃的边缘。

于是我找了个周末坐在阳台上，看着远方的蓝天白云苦苦思索，这是有多大的恨，才能把自己从一个阳光明媚的海滩扔到阴云密布的沟壑。外企的种种好处像放电影一样一遍遍地在我脑海中闪过：高薪、清闲、可以练外语、有出国机会、弹性工作制、每月400元话费补助、交通补助……

后来我终于想明白了，如果公司里都是阳光雨露，人家把你找过来干吗？你不是想奋斗吗？不是想要面对困难和挑战吗？这不就是吗！于是我想，就尽最大的努力把事情做对，把人带好，把产品做好，如果这样还不行，要么是公司不行，要么是自己不行，那时候再想撤也来得及。

于是我对当时的问题进行详细的分析，包括技术、产品、利益关系等等，并进行了一系列的改进措施……然后，就到了现在……

所以，这个问题的答案非常简单，那就是再坚持一下！面对困难并解决困难，你会找到新的感觉、新的目标、新的朋友和新的团队。另外，每个公司都有自己的问题，这个时候缅怀过去没什么太大好处。

当然，如果半年之后你依然是心事重重、矛盾重重，那就要重新判断你这次的跳槽是不是真的不成功了。

第 9 章

# 为自己估值

## 注明离职原因

×

路红斌

HR筛掉看起来频繁跳槽的应聘者，是在拒绝频繁跳槽的“跳蚤”，就像你在挑选公司时先淘汰垃圾公司一样。再优秀的公司“跳蚤”也待不长。如果你是“跳蚤”请绕行，如果你不是，我的建议是以下 4 点。

• 避重就轻，简历中突出个人的工作能力和与应聘职位的匹配度，来弱化跳槽频繁带来的负面印象。能发挥你的潜力并且带来职业提升的公司，你不会轻易离职的。

• 有理有节、有理有据地表达你对这家公司的认识和看法。如果你不中意现在应聘的公司也就不会来这里问了。如果你足够重视，那么想办法让HR了解你的想法。比如某应聘者不喜欢官僚和溜须拍马的企业文化，而应聘的公司上上下下杜绝官僚，提倡透明、简单直接的风格。那么凭常识判断，这个人会因为公司原因而离职的概率会较低。

• 在每段经历之后注明离职原因，避免在看简历环节就被筛掉。建议客观描述，不要把责任都归咎于企业，也不要一味说是自己主动离职。不是每个人的职业生涯都一帆风顺，会因为各种原因离职跳槽，比如刚毕业的前两三年，在寻找职业方向，多作尝试是可以理解的，又如为了生孩子和照顾家庭而离职也是可以理解的。

• 试着让你的亲戚、朋友或者校友，帮你内部引荐。他们帮你引荐，本身是对你能力的一种背书，同时他们也能够把你简历之外的优点传递给企业，增加成功率。

关于求职，有一个真实的故事：行业第一的万科集团总裁郁亮应聘万科的故事也颇为励志。大学毕业后，郁亮被分配到深圳外贸集团公司。一年之后，基于当时的大环境，外贸业务转淡，郁亮建议公司尽快进入零售行业，结果他的建议报告提交之后杳无音讯。1990年时，仍在做“加法”的万科希望涉足连锁超市行业，郁亮在万科工作的朋友将他的报告转交给了王石，随后王石约郁亮面谈。后来的事情大家都知道了。

最后分享一下我的经验，不同行业对“跳槽”的认知不尽相同。在我（猎头）眼中，若是房地产行业领域的高管，连续两家单位工作时间均不足两年，便可视作跳槽频繁。因为房地产项目开发是有周期的，周期短的也要18~24个月。入职前半年在适应，后半年在寻找离职机会，都虚度时光了，真正工作和学习的时间只有一年。既没有为企业创造价值，企业好的东西可能也没学到。而对于一些项目周期短的行业，例如互联网，一年或许可以做两个项目了，所以一年一跳压根儿都不算频繁。另外，坦率地说，这是对管理者的要求。因为你只有在所经历的公司，学到精华的东西，才会为你未来的事业打下基础。否则只有经历而没有积累。

所以，慎重做每次应聘和离职的决定，开始时的沉淀会提高职业生涯的高度！

## 合理的跳槽

✖

Veronica Sun

问：面试官为什么不能接受一个真实的跳槽原因？有的人说不能谈钱，有的人说可以谈钱，有的说不能说前一家司的坏话，不能说因为与上司或同事有矛盾，总之各种禁忌。在我看来以上理由只要合情合理都可接受，薪水少不是理由吗，公司内斗和领导有矛盾不是理由吗，连HR自己也不能保证自己一辈子只服务一家公司，为什么他们会要求离职者给他们一个冠冕堂皇的答案，而不接受一个真实的原因？

作为一个前HR、现猎头，其实我一直想表达一个观点：

专业的HR最终目的并不是评价一个应聘者，而是需要评价他与职位的匹配度。

离职理由作为一个考评点，并不是说“离职理由不能让HR接受，所以HR认为你不好”，而是通过你的离职理由来判断你是否适合团队。

假设一个应聘者的离职理由是“加班太多，希望有更多属于自己的生活时间”，工作强度比较大的公司的HR就会判断应聘者不符合职位要求，而按时上下班打卡的HR则根本无所谓。

又比如一个应聘者的理由是“原有薪资不符合自己的期望值”，自认为薪资预算不具备竞争力的HR就会判断自家offer发了也白发，而预算充足的HR则不会介意（前提是评价应聘者的价值确实明显高于原薪资水平）。

所以说，HR的这种判断根本上是为公司和降低offer失败率服务的，一定程度上也为应聘者规避风险，减少应聘者“入职后才发现老公司不可接受的问题在新公司仍然存在”。

这样来看，应聘者除非实在是有收集多家offer的兴趣爱好，否则HR不接受某些类型的离职理由对应聘者没什么影响。

当然，以上是理想情况。

某些离职理由在行业里比较避讳，HR都会对以下离职理由比较有警觉性：

- 之前的管理者不好；

- 之前的公司不好；
- 之前的同事不好。

对比较专业的HR来说，上面的理由不是那么严重，但是多年行业传承下来的经验来看，以上说法的提出者很有可能在团队合作能力方面有缺陷。

比较负责的HR会听完应聘者的反馈后补充一个行业调研和背景调研以确认两个事情：

- 应聘者的陈述是否客观；
- 应聘者的说法受哪些因素影响。

举一个真实的例子，上个月有个HR刚好有个背景调查来找我帮忙，是一个来自互联网业界尤其是技术圈口碑非常好的公司的应聘者，在提到离职原因时直言不讳地描述了公司的困窘以及给个人发展带来的局限性，尤其提到了管理混乱和直接管理者的不作为问题。比较巧合的是这个公司我确实比较熟悉，对应聘者所在的团队进一步了解后，发现应聘者的描述基本属实，除了对直接管理者的抱怨可能偏主观化之外，其他情况大体相符，尤其是该公司确实在两年内过半的优质人才流失。

以这个案例来说，应聘者就不会受“离职理由不够冠冕堂皇”的影响，不过这个也是受两个先决条件影响。首先，应聘者的业务能力受到认可，则HR认为有必要对应聘者足够谨慎；其次，HR是比较专业且负责任的人。

所以说，对于业务能力没有问题的应聘者，且想要挑选严谨可靠的公司，则不需要太纠结于离职理由，实话实说就好了，但是请务必客观合理。

当然，也有比较遗憾的情况就是HR没有余力做调研，或者不负责任，这只能说很遗憾，因为很多条件限制下，HR也是被迫使用经验论做判断。

## 4个维度斟酌新公司

唐僧同志

跳槽需要斟酌多个维度，通常应当给自己一个价值排序。

比如行业、收入、成长、专业化与多维化的选择等，但是有些东西在影响圈外，比如行业，到了一定年纪，换行业挑战很大，所以这类我们抛开不谈；有些东西则涉及个人价值，比如专业化和多维化的发展方式的选择，这一点我们也先抛开不谈。

我们来谈谈以下几点：

### 跳槽时的价值首选：基层看待遇，中层看平台，高层看资源

简单说，小兵跳槽的时候主要看待遇就对了。等你到了中层呢，你就要看公司让你负责多大的项目，具体管理哪个部门，是正职还是副手，这个公司有多大，这个职位到社会上的兑价如何。到了高层，你负责整个公司，或者你是负责整个公司的几个

老大之一，那么你要看，你能有多少资源，比如最重要的，获得投资的情况、现有团队的情况、这些资源能否和你手中的资源匹配等。如果你拿不到投资，能力再强都是假的。为什么我说换行业很不容易，其中之一就是先后行业资源难以匹配。找一个IT大佬去做房地产，即使他经营能力再强，他连找个靠谱的工程队都找不到，就会吃亏。

再说基层员工，全方位地了解公司待遇，十分有必要。尤其是大公司，有很多隐性福利，这一点未必要直接问面试官，不管是HR还是经理，对于喋喋不休问待遇的员工多少会有点不耐烦，那么问问在这个公司就职的朋友，可能是更好的办法。

### 跳槽前，迅速和未来的直接上级建立联系，互相了解

我并不是说有些上级不靠谱、能力不足、拍马屁等，每个人有自己的存在方式。就个人而言，和领导之间互相契合、价值观趋近，是非常重要的，这犹如谈一场恋爱。

跳槽有诸多途径，有时候是通过猎头，有时候是朋友介绍，有时候是海投简历，有的时候可能是跟从原来的上级等。

上述猎头、朋友介绍、海投等方式，就要迅速搞清楚直接上级是谁，这一点有时候在面试之前就要搞清楚。

再进一步，如果有机会的话，了解他本人的绩效情况就更好了，这代表你未来的部门在公司里的影响力。

**对于一个基层员工，选公司大于选上级**

就像你高考填志愿，一流大学的二流专业，好过二流大学的一流专业。

这个例子并不恰当，毕竟高考只有一次，跳槽可以多次。有些专业真的是坑，千万不能选。

上级总是换来换去的，公司换一次可不容易。

**瓶颈期可以是你跳槽的理由，但不是你马上跳槽的理由。**

谁都会遇到职场瓶颈期、倦怠期，这很正常。你学习的速度下降了，成长变慢了，成就感降低了，都会导致这种情况出现。在这种情况下，寻求变化是没错的，但是需要谨慎。

我建议，基层岗位跳槽，从投简历到入职下家公司，要做好3个月的准备；中层则应该更长一些，比如6个月。

## 怎样与目标公司谈薪水

✕

Stella

首先你得清楚自己的市场价值，这直接决定了你是否有议价的空间以及议价的空间有多大，但问题在于，这个市场上绝大多数人都不清楚自己的市场价值。判断市场价值的因素有以下几个：

**能力**

这个能力包括各种软硬素质、专业能力以及岗位可能需要的资源。根据人类的心理以及我接触的大多数案例，大多数人对自己的市场价值的判断要略高于其真实的能力。很多三十出头的职场人士，以为自己有那么七八年工作经验，和猎头谈薪资和职级时总是尽可能抬高期望值。猎头之所以打压他们的薪酬，是因为他们对自己的判断高出了他们在市场上的平均价值。另外，有时候并不是企业给不起薪资，而是他们觉得你的面试表现只有七分，凭什么要给八分的薪资。一般来说，同职业同样工作年限的人才相较，出身知名企业的人市场价值大于非知名企业；男性大于已婚育女性大于已婚未育和未婚育女性；知名院校研究生大于一般院校研究生大于知名院校本科生大于一般院校本科生，其他因素还包括项目经历、沟通能力等。

**人才池的大小以及人才的稀缺性**

比如，企业要找一个普通的销售人员，标准无非是过往销售业绩，他可以找很大的人才池，这时候就基本没有多少议价空间，无非是在市场行情中有个一两千元的浮动。但是，如果企业想找一个业绩在前30%的基金经理，如果不能列出很有吸引力的条件，基本上是很难招到的。全国公募就一千多个基金经理，业绩达到要求的就三百位，集中分布在北上深等大城市，三百位里面有一些是不看机会的，同时业绩好的基金经理可选择的机会也很多。大家想一下，他们的议价空间有多大？还有什么混凝土专家，据说国内这方面的人才奇缺，企业要找这方面的人，就要花大价钱了。人才稀缺还和市场人才的流动性有关。

了解企业的薪酬体系，抛开具体的企业来谈薪资都是不现实的。一般来说，绝大多数的正规企业都有自己的一套薪酬体系，越是行业内知名企业，薪酬体系就越稳定。他们不会为某个人去打破已有的薪酬体系，比如说，一个企业经理级别的薪资是在税前 30 万~40 万元，那能谈的空间就是在这个区间，35 万和 40 万的差别可能是企业对你专业的认可度的差别或者有几万元是猎头帮你争取来的。一般来说，一个人市场价值固定的前提下，谈薪资的空间：小企业大于中型企业大于大型企业。举个例子，你从大企业跳到小企业，可以涨薪酬涨职级，这也是小企业的吸引力所在，但你从小企业跳到大企业，很可能降薪降级。为什么呢？因为大企业的平台本身也是一笔无形的资产，将来你从这个平台跳出去会有更大的选择空间。

综上所述，我的结论是，所谓谈薪酬，不过就是围绕自身的市场价值，在企业的薪酬体系内的浮动。如果是通过猎头渠道的，让猎头去帮你谈，如果是企业直接找到你，就只能自己争取了。一般谈薪酬的简化过程是这样的：

企业了解你目前的薪酬状况，询问你的期望薪酬→候选人提出期望薪酬→企业定薪酬→候选人接受；候选人不接受，继续谈。

薪酬计算标准公式：

offer薪酬＝目前薪酬＋合理涨幅（一般20%~40%）

若存在持平或者降薪的情况，一般针对有一定工作年限，同时在职业上有比薪酬更重要的需求的人，这里暂时不展开讨论。

万能的谈薪语句（被问到期望薪酬时）：我选择这个职业机会，不是为了钱，而是看重企业的平台和职业发展。我希望在原有的基础上有合理的涨幅。

企业可能会问到你具体的期望数值，你可以说你目前的薪酬结构，加上百分比的涨幅（如百分之30%），但是会综合来考虑（注意不要把话说死，除非你低于某个数字就不考虑了，钱对你来说非常重要！！）。因为有时候你提的期望薪酬有可能突破他们的薪酬体系，有些企业觉得如果达不到就不会进入下一步流程了。

下面是你谈薪可能用到的几个点：

• 目前我所在企业的薪酬在市场上是偏低的，所以除了考虑职业平台的发展，也希望薪酬有合理的涨幅（前提是你需要了解你应聘的企业的薪酬体系在市场上处于什么水平）。

• 我现在在我们公司属于核心骨干（前提这是事实），领导也很认可我。年后（此为举例，说个未来不远的时间点）会调薪，调薪以后薪酬会达到多少。

• 说实话，我还是很看重这次工作机会，但薪酬方面有点儿难以接受，因为我目前的家庭经济压力还比较大。

• 事实上我收到了其他公司的工作机会，有些给到的薪酬还不错。但和这边领导谈得比较好，也很想加入贵公司，薪酬方面还是希望可以争取到多少。注意不能坐地起价！我比较讨厌人选跟我说，我现在手上有个多少钱的offer，我希望你可以帮我谈到那个数，甚至，本来薪酬接受了，接到其他更高薪酬的offer后让我再去争取。

再次重申，所谓的谈薪，是围绕你的市场价值的基础，在企业的薪酬体系内浮动。如果说，新的平台满足了你在职业上的新需求，那就不要在薪酬上斤斤计较了。比如说，你一直做地产行业，想转去做地产金融，原本别人最理想的设想是从金融机构里找个人，但后来觉得你也可以做，只是缺乏金融这方面的经验，这时候如果薪酬不是非常难以接受，就去吧。因为企业有时候也是犹豫的，培养人也是要成本的。又比如说，你想去带一个团队，在原有的公司现在以及未来的可能性都不大，这时候新平台给机会你去带团队，职级给你晋升，但薪酬降低了，如果从长远来看，也是可以接受的。因为暂时的牺牲，可能换来未来更大的收益。

## “你还有什么要问我的吗？”

李石

为什么面试官在最后的面试环节，都会问一句“你还有什么要问我的吗”，这个问题意在考察什么？

这是充满玄机的一个环节，很多应聘者不得其法，错失良机。

以下解析针对一般应聘者，不涵盖学术大牛、业界名人。

## 问题解析及核心假设

职业HR招聘中看待应聘者，评估的不是好坏优劣，而是应聘者与应聘岗位的匹配（match）程度。

基于这个假设，思维的区别就产生了。

评估好坏优劣是一维的，就像高考一样，只需要从最高分开始向下录取就可以。

评估应聘者与应聘岗位的匹配程度是多维的，即使你各方面都很出色，还可能会因为居住地离公司较远而被淘汰（这类淘汰对面试者来说算不得坏事，毕竟没人会长期坚持每天4小时交通时间的生活）。

我们知道在不同的思维下，决策的逻辑并不相同。

一维决策很简单。例如：本科以上学历的通过，本科以下学历的淘汰。

多维决策很复杂。在人力预算、学历学位、工作经验、专业能力、培养潜力、工作稳定度，甚至民族、党派、身材、相貌等多个维度交织的时候，多数公司和多数HR很难对优先级和权重进行排序（对一些基层岗位也没有这个必要，并不实用），因此也无法进行降维对比。

如果你通过一维决策——即基本的硬性要求之后，能否得到offer，很大程度上取决于HR的个人偏好，与你个人的综合素质关系很小。

HR的偏好因人而异，几乎没什么规律，也就是说，如果应聘者不采取行动，能否得到offer基本是一个随机事件。

如果你想增加进入自己心仪公司的可能性，下面是具体方法。

### 解答问题和关键技巧

面试官在面试最后环节，提问“你还有什么问题吗”，是面试官把主导权交给应聘者的时刻。

具体主导方法如下。

低端方法：收集信息，投其所好。整个面试过程中，回答问题的同时收集信息，分析多维度中对方心中高权重的偏好是什么，将分析结果与自身情况做比对、取舍。有了大致的方向，就可以针对这个方向提问。举例来说：如果该岗位HR偏重维度是工作强度和承压能力，就可以问：公司班车最晚班次是几点？HR回答：××。应聘者接下来就可以说，这个时间如果加班到太晚就来不及了，这样吧，如果贵公司录用我请早些通知我，我在公司附近找房子搬过来。如我们前文所说，多数人在决策时没有能力理性地把多维降为一维，当你在一个维度上匹配度很高的时候，由于晕轮效应（Halo Effect），你的整体匹配度也将大幅提高。既符合用人单位偏好，整体匹配度又高，拿到offer的可能性就大很多。但是一定要区分目的和手段，不要为了拿offer而拿offer，真正工作起来若发现自己与企业的文化和职责不匹配，对应聘者来说个人损失比企业损失更大。

高端方法：锚定标杆，转移偏好。在良好的职业形象、出色的经验背景、良好的专业素养的基础上可以利用锚定效应（Anchoring effect）和应聘企业对标杆企业成就的错误归因，就像今天很多人总结小米的成功经验，进而贩售互联网思维的管理咨询方案。事实上小米的成功与事后总结的经验几乎没有关系，但是这种企业成功的印象被锚定之后，咨询方案的评价就高了很多。举例来说：面试过程中可以提到参加行业高峰会，有幸聆听专业人士的高论，× 职业/× × 思维/× × 技术/× × 能力最重要，随之潜心钻研并在该领域取得了 × × 成就。即使不能完全转移对方的偏好，但是你的锚已经埋下。在最后提问的时候，可以提问：公司的变革氛围如何？是否会学习行业标杆如万科/腾讯/华为的管理方法呢？当面试后在众多的候选者中，想起你的时候，你是和万科/腾讯/华为等知名企业绑定在一起的。但是一定要区分目的和手段，不要为了拿offer而拿offer，没有足够能力而驾驭F1 赛车，速度虽快，危险更甚。

这个例子比较极端。但是作为应聘过程中唯一由应聘者主导的环节，值得应聘者多花点心思。

第 10 章

# 善始善终是一种美德

## 跳槽所涉及的法律问题

×

Zhang Leslie

跳槽之前，首先要注意是否和原企业签有竞业限制条款的服务合同，如果没有，那么原则上是可以离职的。但仍然需要注意，工作期间获取的原企业的商业秘密是需要保密的，没有竞业限制，并不意味着对原企业所承担的保密义务的终止。

如果和原企业签署的服务合同中有相关的竞业限制条款，需要分析以下几条：

• 自己是否符合劳动合同法中关于“竞业限制的人员限于用人单位的高级管理人员、高级技术人员和其他负有保密义务的人员”，如果不是，这样的限制是否有效是可以争论一番；

• 竞业限制的范围、时间、地域等约定是否清楚，有没有漏洞；通常竞业限制不得超过两年；

• 最重要的，竞业限制有没有约定补偿，如果竞业限制没有补偿，则限制无效。

核心员工在加入下家公司的时候，如果能和下家公司签署一份补偿协议，因加入下家公司工作而被上家公司追索违反保密或者竞业限制义务的损失由下家公司承担，当然是对自己的最佳保护。

不过，往往下家公司还会反过来要求，上家公司的核心员工承诺加入行为没有违反任何和上家公司的协议或者义务，这个时候，需要小心谨慎地研究自己的合约义务和法律义务，防范法律风险。

对于年收入高的企业高管或者涉及利害的核心技术人员，如果在不得不离职的情况下，建议先找个劳动法方面的律师咨询一下，提前应对可能出现的法律风险。因为离职后加入竞争对手公司而被起诉的高管并不少，值得警惕。

## 认真交接，友好告别

Evan-dy

对老东家，既然决定走了，就要走得漂亮。不要拖泥带水，所有信息透明化处理，同时为接替你工作的同事铺好路，尽可能做到无缝对接，这是责任感的要求。

认真对待工作交接：因为岗位的特殊性，当时团队中没有人手来接手我的事情，所以招了个新人。我提出离职后，用了一周半的时间来整理交接文档，包括：岗位职能、渠道联系人及对应合作方式、对应项目流程和注意点、各平台/工具的账号等。总而言之，新人拿着文档挨个做一遍就差不多能上手了，加上交接的那几周和新人坐一块，确保所有大问题能在我离开前弄清楚。

主动移交Admin权限：当时经历的项目多，几乎所有的项目Admin权限都有，让老同事一个个盯着来处理肯定麻烦，自己能处理的都处理了，遇到有疏漏也第一时间告知他人。

主动和领导、同事交换看法&评价：离职期其实是一个很好的沟通时间，这时候大家都会有种“出离感”，平常不容易聊的事情、看法以及对彼此的评价，现在反而更能坦诚相见（这点我做得并不好，是领导主动和我聊了，老同事那边我没有聊，有些遗憾）。

和HR或财务核对清楚相关信息：社保、工资情况：社保基数、公积金、未结算工资/报销情况、离职证明、保密协议等事宜。如果有问题现在暴露出来更好解决，拖到以后会非常麻烦。

友好地告别：可以的话请关系好的同事吃个饭，和团队中合作过的每个人都面对面去告个别。我的团队不到30人，走的当天和每个人都握了个手，聊几句，总之感觉非常好，现在想想还是触动很深。

对未来的选择，足够理性，足够聪明。

给自己一段缓冲期：整理“一”下过去的状态，同时明确下未来的选择。我当时休息了大概 2 周，看完了《冰与火之歌》，也在上海进行了几次市内徒步，觉得差不多了，再开始全力面对之后的工作。不管是离职前就谈好的，还是裸辞，缓冲以下再开始新工作我觉得都是应该的，目的不是休息，而是对自己的现状进行一下思考。

慎重选择机会：我的做法是先明确自己要去的团队和做的事情应该是怎么样的，这样看到机会的时候就能很快做出区分：（1）不感兴趣；（2）可以进一步接触；（3）这是我想要的。不要浪费过多的时间在自己明确不喜欢的事情上。当时我有看好的团队，主要精力就放在这些机会的接触上，同时将简历发放出去，以便能接触一些额外的信息。

抓住有限的机会去了解应聘公司：绝大数公司招人速度是很快的，一般互联网公司的面试都在 3 轮左右，双方了解对方的机会都是极少的，相对而言招聘方所掌握的信息还多一点，而应聘者就需要在仅有的几次沟通中努力去了解这个团队和他们的产品。比如，项目负责人对现在产品的看法、团队的构成，把你的看法和疑问尽可能和面试官展开聊一聊，不要把问题带到试用期。而反过来说，如果在面试过程中发现对方只停留在对技能的要求上，而几乎不关心你是一个怎样的人，那你差不多可以拒绝了。面试应该是一个双向选择的过程，要对自己负责，而一个团队是否优秀，在对待面试/招聘这件事上的态度是可以看出来的。

确认相关薪资、福利、社保等事宜：大部分人应该都会注意到这些，只是要避免一些口头允诺的模糊概念，最好都具体落实到纸面上。毕竟还是会有很多人入职后发现拿到手的薪资和当时承诺的不同，社保金等出现断交的情况等等。这与离职时要理清的事情一样，当时将问题暴露出来比拖到以后才发现要好很多。

入职后合理收集团队期望：这个期望是包括团队领导和合作同事的，小到某次会议希望拿出什么样的成果，本周的产品小样要到什么程度，大到大家希望你能够成为一个什么样的角色等。这个非常重要，在刚入职的时候往往没有紧迫感，没有去注意这些事，但当问题发生后，就难以弥补了，因为一个成熟的团队对新人的容错度是比较低的，特别是在创业团队。我在 10 月有一次很好的机会，和上海一家优秀的团队共事了半个月，但月底还是离开了，客观原因就在于忽视了整个团队的产品期望。

简而言之就是想清楚，理性地看待自己。

明确做什么事：因为自己是做产品经理的，我认为一个产品人对待自己的产品，至少要有这两种感情：（1）有爱，每天都会用；（2）有一种使命感。如果将来要做的事情与这 2 种感情可预见地不会有关系，那一定不是我该去的。

明确和什么样的人/团队合作：为 KPI（关键绩效指标）服务？为做完事情服务？为结果服务？为薪水服务？为个人成长服务？为上司服务？……这个完全看个人，不管倾向什么样的团队，它都会影响你之后工作的状态。

明确想要在下一份工作中得到什么：也就是你的努力目标，比如，积累经验、技能、薪水增长、拓展人脉等等，目标不一定是唯一的，但肯定要有侧重点。

关于是在职期间确认下一份工作，还是裸辞这个问题，我个人更倾向于裸辞，在我看来这是对对方和自己的尊重，毕竟一个人只能全心投入一件事，一边处理老东家的事一边看机会面试，总是不顺心的。不过也不是绝对的，有朋友在提出离职后，在与团队领导沟通顺利的情况下，利用交接期出去面试。

不管是决定离开还是新的选择，其实都是在经营“个人”的品牌形象，互联网的最大特性就是“透明”，你做得好与坏都一目了然。

最后再说一句，养成良好的理财习惯，最好能有维持至少两个月的存款，不要因为经济方面的原因做一些仓促的决定。毕竟你的选择就是你下一个 2~5 年，抑或更长。

## 新工作找好了吗？

蔡旭坤

你去的是竞争对手公司吗？

如果是，现在的公司给付竞业禁止的补偿了吗，如果给付了。小心你会违法，先研究规避的问题吧。如果没给补偿，就找个转行、回家、旅游、考公务员的借口即可，注意保密。

你去的是非竞争对手的公司吗？

待遇提升的多吗？如果多，那就讲新公司哪些方面比较好，别说老公司坏话。

有职位晋升吗？有的话，也可以说奔着升职走的。

有行业变迁吗？有的话，也可以说说。

你和公司的人有矛盾吗？

有。那就少说话。直接给上司发辞职信，抄送人力资源部门。自己低调地离开。

如果没有，那就少说话。直接给上司发辞职信，抄送人力资源部门。和利益相关同事，在辞职后说一下。

辞职的原则我觉得就三点吧。

- 想清楚，不轻易说放弃。如果提出辞职，建议找好下家，提出就言出必行。
- 要低调，如果你能做到让你公司的很多人都不知道你离职了，那你就很成功了。
- 怀有感恩之心，不管对方曾经多么为难你，他们毕竟给你了机会让你和他们一起奋斗，那么做好离职交接工作，不泄露公司机密，不说公司太多坏话，就是怀有一颗感恩的心了。

## 我的裸辞经历

德森

今天距离我找到新工作已经过了 36 天，偶尔还是会回想起之前待业的两个月。

我在香港打工，因为之前攒了一部分钱，所以辞职时候没有犹豫。事实证明，经济负担确实没我想象的严重，心理压力却还是超了预期。

去年 11 月底辞职，12 月恰逢圣诞、元旦，很多在职好友纷纷订好了机票在年底出国旅游去了。我当时又接到两家拒信，看账面还有钱也想去台湾环岛放松放松，当时出走放松的心情真的很强烈，无奈现实很残酷，去台湾必须要工作证明。

年底辞职找工作真的不是一个聪明的选择。打开朋友圈都是朋友们发的各种旅游照片，和自己目前待业的现状形成的鲜明对比，使我每天早晨不想起床，起床后不知道做什么事情好，一个人在香港待业的状态是非常寂寞和糟糕的。甚至有一天我不想闷在家里，强迫自己出门沿着港岛线、西铁线从九龙东坐到九龙西，就这么在地铁上环了九龙岛一圈。12 月的第二个星期，连续 7 天夜夜失眠到 4 点才能睡着，白天无所事事，夜晚格外漫长，几乎要去超市买一瓶酒放在床头。

其间找朋友聊天、找父母视频，都给了我很大的精神支柱。有两句话我印象非常深刻：

一个朋友和我说：辞职是你自己的选择，又不是单位炒了你。你现在有钱又自由，没必要这么大压力。

母亲和我说：工作是干不完的，你这一辈子后面还有很长的时间要工作呢，现在待业期间给自己放个假，想去哪里缺钱了和我们说，不要担心钱的问题。

感谢上天赐予我如此善解人意的父母和如此靠谱的朋友，日后每每和朋友提到母亲这句话，自豪之余仍然感动得想哭。

此外，《悠长假期》也算是很大的一个精神慰藉。几年前看的日剧，在 12 月的时候翻出来重温了一遍，带我走过了很长的低谷期。

“人生不如意的时候，是上帝给你放的长假，这个时候就应该好好享受假期。当突然有一天假期结束，时来运转，人生才真正开始了。”

真正带我走出待业困境、心理焦虑期的是，1 月 1 日开始的全面自我调整。别人安慰，自己想通这些都没有用，一定要将自我调整的计划付诸实践。

• 将作息调整正常时间，强迫自己 7 点起床，11 点入睡。

• 开始学日语。学日语是我一直以来的计划，但由于之前忙从未提上日程。事实证明，这项每天投入 6 个小时的学习，令我每天过得充实且有成就感。

• 恢复跑步锻炼。每周 3 次，每次 5 公里，全面提升自己的精神状态。

千万记住：

跳槽的话骑驴找马不一定是最好的选择，但一定是最聪明的做法，做了选择就不要后悔。

工作不是生活的全部，没有了工作还有很多事情等着你去做。

内心的成长永远比物质的富足来得重要。

其实当初下了决心辞职，并不是因为某件事情和老板闹翻了，也不是太忙突然想放弃。

相反，做决定的那天刚结束业绩期（peak season），理论上是到享受假期的时候了，但我却反而更想离开当时的公司。

理由很简单。虽然原来的公司给了我一个很好的起点，但是在做了一年多之后，我可以看见更久以后的自己，当我升为高级客户执行、区域经理甚至更高的职位的时候，我做的事情和现在没有本质的区别，我看不到自己全面的提升。于是我在想，我来香港为了什么？

不过是为了看更大的世界，让自己变得更好而已。于是在一个平常的午后我敲开了 HR 的门。

一直信奉“尽人事，听天命”，有的时候你的不顺并不是你能力不行，而且时机未到，运气未到。之前被拒的几家基本都是朋友或者同事介绍的，面试过程也言谈甚欢，但最后都没有好结果。有的和我说“文化理念不合”，有的和我说最后招了个资深的人，现在的工作是自己摸上门的反倒成了。

坚持跑步的那段时间常常在快坚持不下去的时候就鼓励自己，跑到终点就接到offer了！连跑步的目标都达不到谈什么坚持？也算是自我安慰吧。